開運はおうちが8割!

引き寄せる すごい「家」

ケルマデック×ひすいこたろう

KADOKAWA

目次

Chapter 2
家のココを変えると運気UP!

Chapter 3
心と体の状態が「見える化」するホームプロダクト

Chapter

4

その悩み、今すぐコレを変えてみよう!

Hisui Column

Kermadec Column

エピローグ

「家」は、
「あなたそのもの」

プロローグ

なぜ、まな板を替えると運が良くなるのか？

ひすいこたろう

世にも奇妙な話です。

「誰とも会いたくない」と思っていると、**「玄関の呼び鈴」**が壊れたり、電話が故障したりすることがあります。ドーンと心が凹んだ時に、同時に天井の照明が切れることがあります。

実は、家は生きているのです。住む人とリンクしてくるのです。

自分の家と、自分の体には相関関係が生まれてくるんです。

今まで、そんなこと考えてみたこともなかったですよね？

こんな話があります。

アート作家のTさんは、淡々と創作活動をやってきました。まったく宣伝もしないので多くの人に知られることはなく、知る人ぞ知る作家さんでした。

ある日、彼のお母さんが、木彫りの立派な表札をくれました。

「あんたが家を建てたら、この表札を付けなさい」

重厚な表札には、Tさんのフルネームが刻まれていました。とはいえ、Tさんは家を建てることなど考えたこともなかったので、表札は、長い間、本棚のブックエンドになっていたそうです。ところが、ひょんなことから家を建てる運びになり、重厚な表札を使う時が来たんです。

表札を取り付けるやいなや、彼の人生が変わり始めました。ささいな偶然から、Tさんのアート作品は世間の注目を集め始め、あちこちから問い合わせがくるようになりました。そして、個展の依頼やコラボ、講演の依頼が次々にやってくるようになったのです。

家の前に「名が出る」のが表札です。
社会的な活躍とは、社会に「名が出る」こと、名が知られることです。

「表札」と、**「社会的な活躍」**とは、
「名が出る」という意味では同じ働きであり、
家と自分がリンクし、繋がりが生まれてくるのです。

家と自分がリンクし、相関関係が生まれてくる。

この対応関係がわかれば、あなたの願いを自動的に引き寄せる家《おうち》に調整できます。

家と自分がリンクし、相関関係が生まれてくるという世にも奇妙な話。

でも、この現象は脳からも説明ができます。

たとえば、車酔いする人がいますが、そんな人でも運転すると全く酔わなくなります。これ、不思議じゃないですか？

脳には空間定位という働きがあり、車を運転することで、車を自身の身体感覚として「これが私の体だ」と認識するようになるので、車と自分に相関関係が生まれてくるのです。なので、車に慣れてくると、自分の体を操るように自在に運転や駐車できるようになるわけです。

同じように、家に住めば、次第に脳が家を「これが私の体だ」と無意識に認識するようになるので、家と自分に相関関係が生まれてくるのです。

ではもう少し、家と人体のリンクについてお話ししましょう。

玄関は、人体の入り口である、口や歯と対応関係が生まれてきます。だから、玄関の汚れは口をバイキンで汚すようなものになるのです。**「玄関」**という入り口は、お金の入り口ともなるので、玄関に荷物を置いて塞いでしまうと、**「お金の入り」**が悪くなるわけです。

エアコンは、鼻や呼吸にリンクします。

だから、鼻の調子が悪い方は、エアコンのお掃除がおすすめ。**「エアコン」**をきれいにすると、不思議と、自分の**「呼吸が深まり」**ます。

「火」は**「情熱・やる気」**とリンク。

家の火を使ってちゃんと料理することで、情熱が湧いてくるわけです。なんか最近やる気がないというのは、家で火を使っていないことに要因があるんです。

こんなふうに家と、僕らの人体と心に相関関係が生まれてくるので、

「家」を整えると「人生」が整うのです。

そんな世にも奇妙な相関関係を深めていくのが、この本のテーマです。

著者はふたり。メインボーカルは、目に見えない世界を30年以上ディープに研究する、現代の魔法使い、超常戦士ケルマデックさんです。

カウンセラーであり、占い師であり、風水師であり、画家であり、音楽家でもある多才な方で、この世界が素晴らしいところになるように、奇想天外かつ、優しい処方をしてくれる天才です。著書も多く、大人気です。

もう一人は、どうしたら人は幸せに生きられるのか、その「ものの見方」を

70冊の著書を通して伝えている、私、作家のひすいこたろうです。

ひすいのオンラインサロンで、定期的にケルマさんを東京にお呼びしてワークショップを主催させていただいたご縁の中で、ケルマさんから教えていただいた「家と人との相関関係」の話が、あまりに面白くて、このテーマで本を作りたいなと今回、編集とコラムを担当させていただいています。


心を変えようと思っても、目に見えないのでなかなか対処しにくいものです。

しかし、心の状態、体の状態がすべて目に見えるところに繋がっているとしたら、どうでしょう？

それがあなたの家なのです。家とは、あなたそのものなわけです。

この本を読むと、あなたの家のどこが人体のどこに対応しているのか、どんな現象とリンクしてくるのかが詳細にわかるので、

家の何を変えると、どんな運を呼び込めるか、手に取るようにわかります。「引き寄せの家《おうち》」を作れるようになります。

そして、引き寄せの家でもっとも大事になるのが、まな板だとわかります。

僕らの稼いだお金は最終的に食糧に変換され、まな板にのせられ調理され僕らの血となり肉となります。つまり、労働の最後の受け皿がまな板なわけですから、まな板は超重要なんです。

命を生かす食材を調理・加工するまな板は、健康運から恋愛運、金運、家庭運まで、何から何まで全部支配していると言っても過言ではありません。

ロシアの研究では、家で超常現象が起きるのは台所が圧倒的に多いとわかっています。それはすべてのエレメントが揃うのは台所しかないからです。

台所はまず「水」を使い、「火」を使います。換気扇で「風」が起きます。食材からは「土」のエネルギー、食材をカットする刃物は「金属」。つまり、水・火・風・土・金と5つのエレメントが揃うのです。

そう、あと一つ揃えば6大エレメントがすべて揃います。

つまり、まな板は○○のものを使わないといけないことがわかります。

もう、わかりましたよね？

わからなかった方は、立ち読みはやめてレジに並んで、家でじっくり本文を読めばわかります。お買い上げありがとうございます（笑）。

それでは、あなたの知らない世界へ誘いましょう。

1章では、まず目に見えない世界に関しての理解を深めていただき、2章以降で、家の何が何と対応しているのか具体的に解説して、おうち引き寄せ術をマスターしていただきます。

そして、最後は、意外なところへ、あなたをお連れします。

お楽しみに……。

Chapter

1

家と人体の相関関係

超常戦士ケルマデックさんは魔法使い

ひすいこたろう

まずは、こんな話があります。

問題が次々に起きて、自己破産しなければいけないというところまで追い込まれていた方からケルマデック（以降、ケルマ）さんは相談を受けました。

ケルマさんの処方箋は、意外なものでした。

「玄関を整えてください」

相談者は気が弱い感じの青年で、近所の人も皆、心配してお米や野菜を持っ

て行っていました。その方の家は玄関が開きにくく、勝手口から出入りしていたそうです。そんなこともあり、ケルマさんは、「玄関は人でいえば口だから、ちゃんと開けられるようにした方がいい」という処方を出したのです。

すると、しばらくして、自己破産しなければいけないと言っていた彼が、なんと、新型プリウスに乗っているところを近所の人が目撃したのです。聞いてみると、玄関から出入りできるようにして、徹底的に玄関をきれいにしたら宝くじで1000万円当たったのだと言うのです。気が弱いから、誰にも言えなかったんだそうです。

「玄関」は、流れの入り口。
「お金の流れ」とリンクしているって話です。

こんな感じで、ケルマさんは、ありとあらゆる相談にのり、世にも不思議な解決策を授ける、というセッションを30年以上されているのです。

ケルマさん自身はこう言います。

「世界のあらゆる不思議な出来事を愛しているのですよ。科学から擬似科学、心理学や物理学、風水、占い、タロットなど、様々なテクニックを駆使して、人生の可能性を拡大するための独自のセッションをしています。自分自身で経験し、確認し、実証、検証することが重要だと考えているのです」

まずは、ひすいの方から、この本のメインボーカル、超常戦士ケルマデックさんを改めて紹介させていただく形で始めたいと思います。

ケルマさんは易《えき》を使ったコイン占いもされるのですが、僕の周りでは、「すごい占い師がいる」とケルマさんのことはずっと噂になっていました。僕も一度、占ってもらいたいと友人に連れて行ってもらったのが最初の出会いです。

僕は、ケルマさんに、こんなふうに切り出しました。

「僕は、この星のドラえもんになりたくて作家をやっています。4次元ポケットから、〝未来の考え方〟を取り出して、この星をもっと楽しい、優しい星にしたいんです。その活動を広げるにはどうしたらいいでしょうか？」

それに対するケルマさんの第一声がヤバかったんです。

「自分の本をお父さんに読んでもらって感想を聞いてください。すると、ひすいさんの仕事運が上がります」

この一言で、ケルマさんは本物だなって感じました。

というのは、誰も知らない僕の、一番痛いところを突かれたからです。

70冊も本を出している僕です。お父さんに本の感想を聞くなんて、簡単にできることのように思いますよね？　でも、僕にとっては、それはエベレスト登頂と同じくらい、難しいミッションだったのです……。

僕は、母とは仲がすこぶる良好だし、弟とも仲がいいんです。ものの見方を学び出して妻とも仲良くなり、子どもとの関係も良好です。ただ、父に対するわだかまりだけが、しこりのように残っていました。

父は家庭では絶対の存在でした。しかも、どんなにがんばっても、父は僕を認めてくれることはなく、一度も褒められたことがありませんでした。父は僕の本を読んでもくれませんでした。そのことが心のどこかで深く棘のように刺さっていました。

その父に、僕の本を読んでもらい、感想をもらうって、大変なミッションを渡されたなって思ったのと同時に、僕のウィークポイントを第一声で突いてくるとは、この占い師さんはすごいなっていうのが第一印象でした。

ちなみに、ケルマさんの見た目の印象は、**歌わない氷室京介。ケンカしない氷室京介……**そんな印象でした（ってどんな印象だ）。

ケルマさんに改めて、宿題を渡されて、なぜ父は褒めてくれないのか、本も読んでくれないのか、その理由を聞いてみようと思いました。

すると、「聞くのが怖い！」って思いが出てきたんです。ドキドキしてきました……。

その瞬間、気づいたんです！

こんなにドキドキするってことは、僕は父のことが大好きだったんだって。

そこに気づいた瞬間、涙が流れました……。

それでようやく、自分の本心を父に問うことができたんです。

聞いてみたら、意外な真実がわかりました。

父は褒め方がよくわからなかったんだそうです。なぜなら、父も親に一度も褒められたことがなかったから。それに、口ではいいことを言って、陰では足をひっぱる人をたくさん見てきたので、褒めることが愛だとは思えなかったそうです。不器用な父なのです。


勇気を出して、一番聞きにくかったことも聞きました。

「父ちゃんは、なんで僕の本を読んでくれないの？」

これも意外な事実がかえってきました。

もう目が悪くて文字が読めなかったと。

その時、父が、突然ぼそっと、こう言ってくれたのです。

「お前は、我が家の誇りだ」

その直後に書いた本が『前祝いの法則』で2019年度のビジネス書グランプリの自己啓発部門賞に輝き、14万部のベストセラーになりました。

父親との関係性が、僕の場合は仕事運とリンクしていたって面白いですよね？

これはあくまで僕の場合の話ですが、ケルマさんの打開策は、毎回、「え!?ここと ここが繋がっているの?」と意外な繋がりから、解決策が出てくるんです。しかも、お金をかけずにできる打開策を授けてくれる、財布に優しい方なんです（笑）。

ちなみに、ケルマさんは画家でもあるのですが、15歳の時に突然、無性に絵を描きたくなったのだそうです。誰に教わったわけでもないのに。そして18歳で、絵の勉強をするために大阪に行きました。

ケルマさんのお父さんはケルマさんが15歳の時に亡くなっているのですが、あとでお母さんに聞いてわかったのは、お父さんは、18歳の時に絵描きになりたくて京都に行き、絵描きの修業をしていたそうです。

僕らは、世にも奇妙な不思議な繋がりの中を生きているのです。

足の第2指と第3指の付け根をほぐすと、なぜか目の疲れが取れるように、この世界には不思議な繋がりがあるんです。

でも、繋がっているって、実は、不思議でもなんでもなくて、当たり前と言えば、当たり前なんです。家も、あなたもあなたの家族の体も、すべては原子レベル以下の小さな量子でできています。

量子同士は「不離不可分」（離れていない）、そして、「非局在性」（至る所にある）という性質があるので、もとより、すべてと繋がり合っているのが量子の世界です。

家に住むことで、家と自分に自ずと親和性が生まれますので、相関関係が生まれるのは量子から見たら、当たり前のことなんです。

ではでは、あなたの知らない世界へ誘いましょう。
もう、元の世界に戻れなくなりますが、人生が変わる覚悟はできていますか？
それでは、お呼びします。
ケルマさん、出番です！

目に見えない世界へようこそ

ケルマデック

事件はいつも、突如としてやってきます。

電話が鳴りました。

「ケルマさぁああん！ 助けてぇえ！ 虫が！ 虫が風呂場に大量にいたんです」

はい、そんな相談もあるんです。でも、私にできることは、何もありません。

「まずはドラッグストアで《虫バイバイ薬》を買ってきて、風呂場に投入するのだ！ そして線香を燃やして浄化するのだ」

これで、ひとまず問題は解決したのですが、なぜこんなことが起こったか原

因を探ってみました。

「わかりません。全く理由がわかりません。ただ、虫が大量発生する前から、主人が鬱病になって会社を休んでいました。そして風呂場にこもって一日中過ごすようになっていたんです」

はい、理由がわからないどころじゃありません。どう考えても、ご主人の陰気が原因です。

実は、陰気なエネルギーは、しばしば不快な虫や黒カビとして物質化します。

ご主人のネガティブで陰気なエネルギーが現象化したのが、虫や黒カビなのです。であれば、それらをきれいにすることで、ご主人の心もまたきれいになるのです。相関関係を利用するのです。

心がめちゃくちゃダウンしている時は、物理的なテクニックが使えるのです。外をきれいにしたら、内もきれいになるのです。

しばらくしたあと、尋ねてみたら、ご主人は元気になったそうです。虫バイバイ薬によって、この家は守られたのです（笑）。


ある女性は、失恋してウジウジと部屋にこもっていたら、あちこちにナメクジが出現してパニックになったことがあったそうです。

この陰気を浄化する方法として、おすすめなのは「パロサント」という香木です。パロサントは「聖なる木」と呼ばれており、清浄な香りは、置いているだけでもいいし、お線香のようにちょっと燃やしてもいいんです。

強力な空間浄化作用があり、強力な財運を招くともいわれています。

今日も、事件は突如として勃発します。

「ケルマさん、最近、うちの家族みんなが不思議と胃の調子が良くなくて、みんなで胃薬飲んでるんです」

それを聞いた私は、疑問に思い、「キッチンとか、何かを変更したりはしなかったかね?」と聞いてみました。

「はい、そういえば食卓を買い替えました。金属製のテーブルに」

思い当たりましたね。

「もしかすると、それかもだよ。

伝統的な風水では、『食卓』は『家族の和合や健康』を意味するのだ。栄養を取り入れる重要な場だからね。いにしえからの言い伝えによると、木

製の食卓は陽の気を発し、金属製の食卓はちょっと尖った気を発するのだ。相性があるのかもだね」

そう伝えると、すぐにニトリで木製の食卓テーブルを購入しました。すると体調がすっかり良くなったそうです。木製の食卓テーブルの方が、彼ら家族と相性が良かったようです。

不思議な話ですが、**「食卓のテーブル」と「家族の健康」**に相関関係が生まれるのです。

アフリカのある部族では、誰かが落ち込んで病気のようになったら、みんなで取り囲み、飲めや歌えやのどんちゃん騒ぎをするそうです。彼らによると、寂しいと人間は病気になるというのです。だから、みんなで取り囲んで楽しんだら、病気が癒やされるというわけなんです。

明るくどんちゃん騒ぎをすることで、目には見えない陰気が浄化され、生きるエネルギーが流れ込んでくるのです。

それを日本人が無意識にやっているのが「焼肉」です。

炎で陰気を浄化するんです。

「陰気を浄化する炎の宴」それが「焼肉」です。

ホットプレートやガスコンロを囲み、仲間と共に焼き肉をする。

「私はヴィーガンだから、焼き肉はちょっと」とおっしゃる方も大丈夫！

「野菜焼き」でもいいし、「お好み焼き」「焼きそば」もポイント高い！

炎の宴が、陰気を浄化するのです。演出として明るいBGMがあればさらにいいです。火を囲み、音楽を聴きながら食することは、人類が社会共同体を作り上げた数万年前の意識とリンクするのです。

目には見えない世界は確かにあって、
目に見える世界と繋がっているんです。

心の扉を開ける人が現れる寝室のマジックアイテムとは？

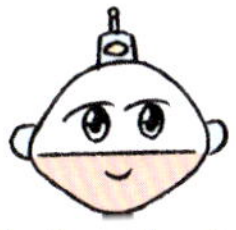

ケルマデック

ある、妙齢の女性（仮にキヌ子さんとしましょう）から相談を受けて、こんな会話になりました。

「私、美人だと思うんですが、いまだに彼氏ができません。男性は皆、なぜか気後れして、私の心の中にグイグイと入ってきてくれないのです」

「ううむ……。それにしても、グイグイと迫る気迫のない男たちの不甲斐なさよ！　だが、安心したまえ。方法はある」

※ひすい：実際のケルマデックさんも、こういう語り口調なんですね。慣れてくださいね（笑）。業

界では（どんな業界だ！）、ケルマ節と言われており、この漫画風のセリフ口調のファンも多いのです。で、話を戻します。

「えっ？　男性が私の心にグイグイ入ってきてくれるって、それはどんな方法でしょう？」

「君の寝室のドアに、ネームプレートを付けるのだ。この場合は、

《キヌ子の部屋》《キヌちゃんの部屋》など だな」

「そんなことで、私の心にグイグイ迫る男性が現れるんですか？」

「うむ、寝室はだね、プライベートな、君の心の部屋なのだ。ドアにネームプレートを付けたら、そのドアをノックする者が現れるのだよ。もちろん、君が入っていいと許可した者だけだ！」

オカルトやホラーに詳しい人には、よく知られていることですが、古今東西、

吸血鬼や悪霊が犠牲者を狙う時には、あるルールが存在するのです。

それは、家の住人が「入っていいよ」と許可しなければ、吸血鬼や悪霊は家の中に入れないというルールです。

「寝室に《キヌ子の部屋》のネームプレートを備えた時、君の心の扉は訪問者を受け入れる準備ができる。心の触れ合いの場ができるのだ！」

その後、キヌ子さんの心に肉薄する男性が現れたのです。それで、キヌ子さんが言いました。

「私、きっと、今まですごくガードが堅かったんだと思います。表情も口調も。それがネームプレートを寝室に付けてから、すごく柔らかくなった気がします。不思議と相手に、自分の気持ちを見せられるようになったんです」

解説しましょう。
男性は好きな女性に対して、どんなにグイグイいきたいと思っても、女性がさりげなくＯＫサインを出してくれないとグイグイいけない人も多いのです。
そして、このＯＫサインというのは、女性が無意識のうちに発しているものなのです。キヌ子さんの場合、彼氏ができない原因は、無意識の堅いガードにあったのです。そこがネームプレートで変化したのです。

寝室のネームプレートは、無意識のＯＫサインを生み出すマジックアイテムなのです。

そもそもネームプレートは、そこがあなたの部屋であると明示し、誰かが尋ねてきてくれることが前提となっているものだからです。

寝室に、ネームプレートを出すということは、あなたの心の奥の扉を開く人がやってくることに、許可を出す行為に繋がっているわけです。

水回りが汚れると事件が起きる！

ひすいこたろう

「どうして事件の起きる家はこうも水回りが汚れているのだろう？」

これは、警察官たちの間で、ひそかに噂されている話です。

事件が起きる家は、洗面所、お風呂、トイレなどの水回りが汚れていることが、圧倒的に多いのだそう。

「水回りが澱《よど》む」ことと**「事件」**に相関関係があったのです。

水回りには微生物が集まりますから、水回りが汚いと、その汚い水に共鳴した、いわば、不調和な微生物が集まってくるからという説明もできそうです。

実際、水回りは、「めぐり」の象徴で、血液のめぐり、リンパの循環、お金のめぐりと相関関係があります。水回りが汚いと、このめぐりが澱むわけですから、物事は悪い方へ、悪い方へ流れていくことになるわけです。

逆に**「トイレをきれいにする」**と**「臨時収入がある」**との相関関係に気づき、トイレ掃除を推奨した作家が小林正観《こばやしせいかん》さんです。

正観さんの講演には、トイレ掃除をしたら、実際に臨時収入があったという方がたくさんいらっしゃって、中には、億の宝くじが当たったという方も来られていました。

水回り＝金運。

こう考えると、トイレも、キッチンも、お風呂もお掃除したくなりますよね。

そして、水回りといえば、僕も伝えたいことがあるんです。

我が家の**洗面所戦争**の全貌を明かしたいと思います。

我が家の夫婦生活、結婚当初はラブラブだったんですが、結婚から数年経つにつれて、こんなにも価値観が違う相手だったんだと愕然《がくぜん》として、離婚したいとお互いに思うようになっていた時期があるんです。

たとえば僕は、人生において大切なのは、新しいことを学び知ることだと思っているわけですが、妻は全く違うんです。新しいことを知ることに全く関心がなく、その代わりに周りをきれいにしておくことが大好きなのです。

しかし、僕は、顔を洗うたびに洗面所が水浸しになってしまうほどのガサツな男で、10年以上、毎日妻に叱られていました。どんなに気をつけても、どうしても顔を洗うと水浸しになってしまうのです。

「また、洗面所を水浸しにして！」と、その日も朝から叱られていて、僕はついにキレてしまったのです。

「人生で、そんなに洗面所は大事なのか！」と。

すると妻はこう叫びました。

「洗面所は大事に決まってるじゃない!!」

それで、もう大喧嘩。

どうしたら、こんな鬼嫁とやっていけるのか、悩みに悩み、実は、これがきっかけで僕は心の勉強を始めるようになったんです。

すると……心の勉強がどんどん面白くなり、ついには、本を書きたいと思うほど詳しくなり、ブログに書き溜めたものを出版社さんに送ったら賞をいただき『3秒でハッピーになる名言セラピー』でデビューできたんです。しかもその本が売れて、なんと、作家デビューから4冊連続でベストセラーになったのです。

最近では、温泉でたまたま知り合った男性と本を書いたら、5か月で25万部突破したんです。

『今日、誰のために生きる?』という本で、共著のSHOGENさんが大ブレイクしたおかげなんですが、彼がブレイクする前に、温泉に浸かっていて、そこでたまたま彼と知り合い、一緒に本を出すことになりました。ほんと、僕の人生は、運に恵まれた人生だなって思っているんですが、ある占い師さんにこう指摘されたんです。

「ひすいさんの運は全部、奥様から来ていますよ」

え? これ、うちのカミさんの運だったの??

カミさんは、新しいことに何も興味がなくて、いつもやっているのは……

あっ！！！

うちのカミさんがいつもやっているのは、

洗面所の掃除！

そして水回りの掃除。

「洗面所は大事に決まってるじゃない！」by妻

おっしゃる通りでした。僕が間違っていました（笑）。

水回りをきれいにすると、ほんとびっくりするくらい人生が変わります。

最後に言わせてください。洗面所は大事に決まってるじゃない！（笑）

「形《けい》態《たい》形《けい》成《せい》場《ば》」から、家と体の相関関係を紐解く

ケルマデック

ここでは、意識の不思議な働きを知ってもらいます。そして、家と体の相関関係を違った角度から深めたいと思います。

第16代アメリカ大統領エイブラハム・リンカーンと、第35代アメリカ大統領ジョン・F・ケネディの奇妙な共通点は、有名な話です。

リンカーンの秘書はジョンという名前で、ケネディの秘書はリンカーンという名前でした。

ふたりの大統領は、共に黒人の人権のために尽力しました。

リンカーンもケネディも、大統領在任中、子どもを亡くしています。

リンカーンもケネディも、奥さんの目の前で銃によって暗殺されました。

リンカーンが暗殺されたのはフォード劇場で、ケネディが暗殺されたのはフォード社のリンカーンという車の中でした。

リンカーンを暗殺したジョン・ブースは劇場でリンカーンを撃ち、タバコ倉庫で捕まりました。

そして、暗殺者に殺されたのです。

ケネディを暗殺したオズワルドは倉庫からケネディを撃ち、劇場で捕まりました。

そして、暗殺者に殺されたのです。

大統領暗殺の犯人としてそれぞれ逮捕されたジョン・ブースとオズワルドは、

犯人に仕立て上げられたのではないかとも言われています。

リンカーンとケネディには、それぞれ4人の子どもがいましたが、40歳まで生きた子どもは一人しかいません。

リンカーンは暗殺されるちょっと前に、メリー州モンローで過ごしていました。

ケネディは暗殺されるちょっと前に、非公式ですがマリリン・モンローと過ごしていたと言われています。


このふたりの大統領の話、要するに、全く同じドラマなのです。心理学では、似たようなケースが家族関係の反復として語られることがありますが、リンカーンとケネディは家族じゃないので、心理学だけの問題ではないのですよ。ある意味、ホワイトハウスの家族と言えなくもないのですが。

このケース、実は、リンカーンもケネディも、同じ「場」にハマっていたと私は考えます。シェルドレイクという科学者は、この世界には時空を超えた場があると提唱し、この場のことを**「形態形成場」**と名付けています。

場とは、結末の決まっているドラマみたいなものです。いったん、この場にハマってしまったら、まるで脱輪した車みたいに共鳴し合ってしまうのですよ。アクセルを踏んでも、ハンドルを切り替えようとしても、結末は同じです。「プラス思考だ！」とがんばっても、場にハマるとなかなか上手くいかない。なぜならば、結末は決まっているのですから。では、一体どうしたら、この場から脱出できるか？

ある日、子育て教室で、リンカーンとケネディの話をしたら、一人の子どもさんがこう言いました。

「カンタンじゃないか！　フォードじゃなくて、トヨタに乗ればいいんだよ」

私も、それが正しいと思います。

それで、共鳴し合っている場を崩し、場を変えるのです。


本書では、脳の空間定位の働きから、人体と家が共鳴して相関関係が生まれる話を進めていますが、**「形態形成場」**という面からも共鳴が生まれることがあるんです。

同じ場を作り上げ、その場を修正してやると共鳴現象が起きるのです。

これが、民族学などで「類感呪術」あるいは「魔術」と呼ばれるものです。

「形態形成場」とは、私たちの意識が創り出しているのかもしれません。メリー州モンローとマリリン・モンローのリンクなどは、すでに駄洒落《だじゃれ》のレベルです。脳の空間定位が、家と体をリンクさせているとしたら、家は、目に見える「形態形成場」となります。

つまり、家は、物理的に変更可能な「形態形成場」となるので、家を調整することで、あなたの場を変えることができるわけです。

実は「場」を制御する秘密の一つに「言語」（駄洒落）があります。
詳しくは、ひすいさんが2章のコラム「意味論」で深めてくれています。

Hisui Column

家を超パワースポットにする
カンタンな方法

ケルマさんの「形態形成場」の話。これ、僕らの人生にめちゃめちゃ応用できます。

まず、見えない場を見える化しておきましょう。

これは、僕の息子が小さい頃、描いた絵ですが、人の姿を描くのに人を描かずに背景を描くことで、人の形を浮き彫りにする描き方をしていたんです。この「背景」を「場」と考えると、場が人の形（運命）を決めてい

出典「奇跡はこうしてやってくる」
ひすいこたろう×吉武大輔
（祥伝社黄金文庫）

るともいえるわけです。

この絵でわかるのは、自分を決定づけているのは、自分の内側というより、自分以外の自分の外側（場）なんです。

上手くいく人は、この背景が、上手くいく場になっているんです。であれば、上手くいく人の背景（場）を借りればいいのです。

日本で初めてコンサルタント会社を東証一部に上場させた、船井総合研究所の創業者で経営コンサルタントの船井幸雄《ふないゆきお》さんは、赤字続きの会社の社長さんにあることをすすめていたそうです。

それは業績が伸びている社長さん10人に会うこと。上手くいっている人たちがまとっている「場」の影響を受けて、赤字の「場」から黒字の「場」に変えるのです。コンサルタントの神《かん》田《だ》昌典《まさのり》さんは、同じことを「半径10m以内で同じ空気を吸うこと」と表現されていました。知り合いに社長がいなければ、ホームパーティーをしてもいいのです。いらしたお客様をおもてなしし、みんなで笑って、その喜びを置いていってもらう。それで、あなたの家の「場」が変わります。

古代、日本人は、神様には形がないので、人を通して来ると考えていました。古代の日本人は、「人の訪れ」を「神様の訪れ」と考えて、来た方をおもてなししていたのです。ですから、お掃除をするのは、本当は訪れてくる人のためだったのです。

家を整えて、人が訪れてくれる「訪れの家」にする。すると、来た人の喜び、笑い声が、あなたの家の「場」を上げてくれるのです。

なかでも、あなたの家に最高のエネルギーを落としてくれるのが何かというと……あ、これはクイズにしましょう。

日本のヒーロー、ヒロインといえる存在たちの共通点はなんだと思いますか？　鉄腕アトム、名探偵コナン、未来少年コナン、アラレちゃん、『HUNTER×HUNTER』のゴン、『ONE PIECE』のルフィ、『鬼滅の刃』の竈門炭治郎、古くは、桃太郎、一寸法師、金太郎、一休さん、牛若丸……。

みんな無垢《むく》で純粋な子どもなんです。

東洋では、力や知識ではなく、無垢な心を持った者が世界を動かすという考えなんです。で、ケルマさん曰く、

東洋では、無垢な者の純粋なエネルギーの流れを「龍」と表現したのだそうです。

つまり、無垢な子どもの笑い声最強説です！

子育て中の皆様、子どもは騒ぎまくり、部屋を散らかしまくります。怒りたくなる気持ち、わかりますわかります。

怒ってもいいんです。でも、子どもが笑う「場」は最強と化します。方角が悪かろうが、多少家が散らかってようが、関係ない。全部、吹っ飛ばしてくれる最強運をあなたの家にもたらしてくれます。その辺を考慮して、これからは叱る時、その叱り方を10％割引して怒ってあげてくださいね（笑）。

純粋無垢だけど、もう、子どもじゃないってあなたは、まあ、ギリギリセーフってことで（笑）。

Chapter

2

家のココを変えると運気UP!

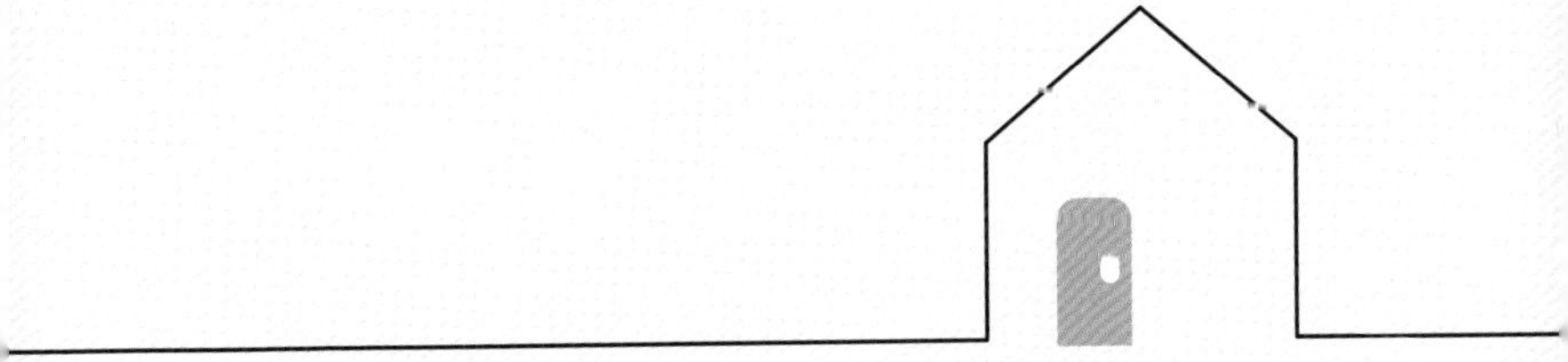

家と人体に生まれる相関関係

ケルマデック

脳の空間定位の働きで、家に長く住むと家と自分が共鳴し始め、「家」を「自分の体」として認識し始めます。すると、自分と家に相関関係が生まれてくるのです。古代ギリシャの哲学者プラトンは、国を一つの生物（有機体）にたとえました。「国家有機体説」といいます。そういう意味ではまさに家も生物であり、あなたの「体」として生きているのです。だから、家の中のある部分を変えれば、自分にも変化が起こり始めるのです。足裏をマッサージしたら、臓器が整うように繋がっているのです。2章では家の中の場所別に、司る運気やおすすめアクションをお伝えします。

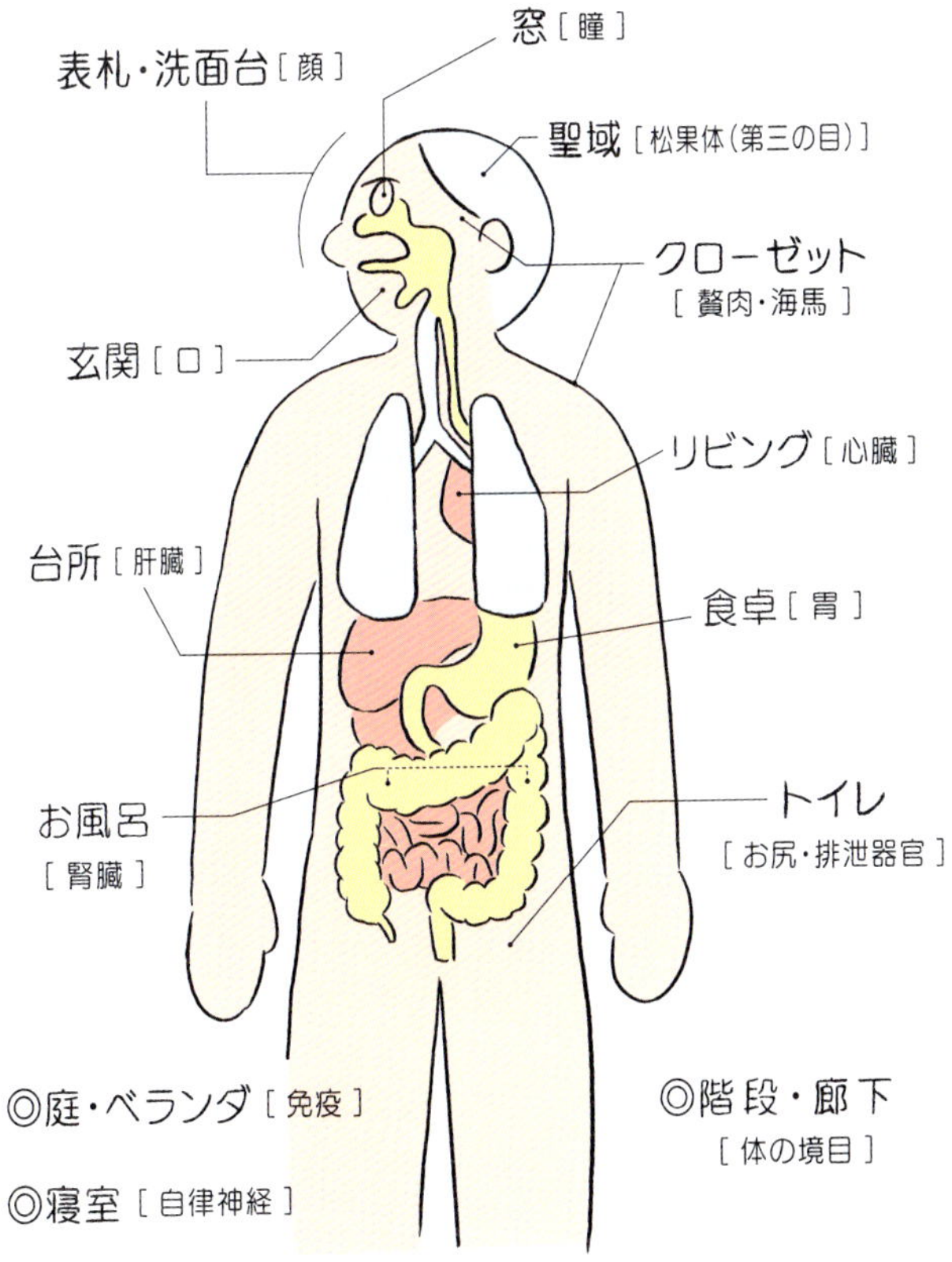
窓［瞳］
表札・洗面台［顔］
聖域［松果体（第三の目）］
クローゼット
［贅肉・海馬］
玄関［口］
リビング［心臓］
台所［肝臓］
食卓［胃］
お風呂
［腎臓］
トイレ
［お尻・排泄器官］
◎庭・ベランダ［免疫］
◎階段・廊下
［体の境目］
◎寝室［自律神経］

仕事運

表札

［顔］

名前を世に出す役割のある表札。
掲げることで仕事が回転し始める！

社会的に成功したい方はぜひ表札を付けてください！ プロローグでも触れましたが、家の「顔」でもある表札は、あるかないかで仕事運が大きく変わってきます。実力があるのに、売れていない俳優さんがいました。「表札はありますか？」と問うと「ありません」と。そこで表札を付けたところ、すごい勢いで仕事が回転し始めました。「社会的な活躍」とは「名が外に知られていくこと」。表札とは「名を表に出すこと」。意味的に一緒なので、相関関係が生まれるのです。これは「意味論」（110ページ）という考え方になります。

おすすめアクション

表札には墨を使って自分の名前を書くといいです。墨をする時に、すごい気（エネルギー）が発生します。上手い下手は関係なく、このエネルギーが大事。墨で書くのは大変？それなら、最近は100円ショップにも、表札用の板とマッキーという素晴らしいペンがあるのでシュッと書きましょう。先ほどの俳優さんもコレです。有名になった彼はこう言いました。

「100円ショップすごいですね」って（笑）。

一人暮らしの女性などで、表札を出すのは不安という人はどうしたらいいでしょう？

よく自宅でサロンをやっている人が、玄関の棚にネームプレートを置いていることがありますよね。表札として外に掲げるのではなく、玄関（家の内側）に置くことで、「私と親密な人だけ入ってきていいよ」という設定になります。

要は、入り口に名を掲げることで、名が知られることになる。「意味論」（110ページ）ですね。玄関の内側に名前を飾るというのは、自分にとって必要な人だけが来るという意味づけになるわけですね。

そうです。あとはちょっとした裏技もありますよ。社会に対して大きな影響を与えてきた、偉人や有名人の名言の力を借ります。名前とセットで書いた名言を玄関に飾ってください。

有名な人の言葉を玄関に飾っておくというのは、その人の名声やエネルギーを自分の力に変えていくということでしょうか？

はい、ネームバリューです。『あした死ぬかもよ？』（ひすいこたろう著）みたいなのを、飾っておいてもいいわけです。

あの本はベストセラーになったので人気運はあるんですが、家にお邪魔して「あした死ぬかもよ？」って貼ってあったら、ちょっと微妙ですよね（笑）。

金運

玄関

［口］

命を生かす食べ物やお金の入り口。豊かさ（金運）とリンク

家が生き物だとしたら、玄関は外の世界からの入り口になるので、体でいうと「口」になります。体を生かす、命を豊かにしてくれるものが入ってくるのが「口」であり、それは「食物」と「お金」となります。だから、玄関が汚いと健康を害し、金銭的にも貧しくなってしまうわけで、玄関は超重要ポイントになります。

前章で玄関を徹底的にきれいにしたら1000万円の宝くじが当たった青年の実例を挙げましたが、玄関は「豊かさ」とリンクします。玄関をきれいにすると人生のめぐり、循環（金運）が良くなります。

おすすめ
アクション

玄関を掃除して、きれいな状態にすることは大前提です。あとは口内ケアで、みなさん歯を清潔に保っていると思いますが、玄関で歯の役割をしているのはなんだと思いますか？　実は、靴なんです。靴にも土汚れやニオイが付着しているので、靴を磨くことは、歯磨きと一緒なんです。「幸せは足元に」なんて言われているように、靴をきれいに磨くとたくさんの幸せがやってくるようになります。実際に試してみてくださいね。

ひすいこたろう
▼
玄関にお花を飾るといいとよく耳にします。

ケルマデック
▼
お花、めちゃくちゃいいです。外からやってくる悪いエネルギーを玄関で弾き飛ばしてくれますから。

ひすいこたろう
▼
生命力があるものは、不浄なものや邪悪なものを弾き飛ばすんですね！

ケルマデック
▼
花を活けるというのは本来、花の精霊を家に招き入れる風水呪術であり、邪悪なものを消してくれる。だから、昔は嫁入り修業の一つとして華道を学んだそうです。
ある家族が全員風邪でダウンした時、ご主人のお母さんがやってきて「この家は気が枯れている」というので生花を活け始めたら、家中が清浄になって風邪も治り、それだけではなく、娘さんがきれいになってモテ始めたと喜んでいました。

「花嫁」修業って、文字通り、「花」を「嫁」が活けることであり、それは日本古来の風水テクニックだったんですね。そういえば、うちもカミさんがいつも花を活けていて、ますます僕の運は全部、妻から説に信憑性が出てきたなー（笑）。

総合運

台所

［肝臓］

6つのエレメントすべてが集まる台所は運気の加工場

プロローグでお伝えした通り、命を生かす食材を調理・加工する台所は超重要。健康運から恋愛運、金運、家庭運まで何から何まで全部支配していると言えます。台所は水を使い火を使い、換気扇で風が起きます。食材からは土のエネルギー、食材をカットする刃物は金属。そしてその食材をのせるまな板を木製にすることで、水・火・風・土・木・金の6つ、すべてのエレメントが勢揃い。そんな場所は家の中では台所だけ。ロシアの研究では、家で超常現象が起きるのは台所が圧倒的に多いとわかっています。6大エレメントが結集しているので、エネルギーが活性化されるのです。

おすすめアクション

稼いだお金は、最終的に食糧に変換され、まな板にのせられ調理され血となり肉となること。つまり、労働の最後の受け皿がまな板であり、まな板は超重要であるということをプロローグでお伝えしました。

食糧はお米や野菜など土のエネルギーが多いので、そのエネルギーを受け止めるまな板は断然、木がいいのです！　プラスチックのまな板は食材によっては便利ですが、やはり、木製のまな板はあったほうがいいです。

ケルマデック

まな板は運気をとんでもなく左右します。まな板は、財産運をのせる器。大富豪の家の娘が嫁ぐ時は、必ず木を削って仕立てたまな板を持っていくのです。

ただ、これだけ木製のまな板が大事だと言っても、雑菌が繁殖するから使いたくない人がいるんですよ。

ひすいこたろう

たしかに、木製のまな板は手入れに気を使いますよね。そういう人は、木のエレメントとして、台所に植物を置いたりするのもありですか？

ケルマデック

いいえ、まな板もしくは木の台所用具が必要です。実はその菌が重要！

ひすいこたろう

菌が繁殖することがですか!?

そうです。台所の真の意味は、菌の交流場なのですね。調理する人が清潔に保ちながら、食中毒に気をつけて調理をするのが大事ですね。本当は、人間は菌に生かされているのです。木製のまな板は、家族の健康を願う菌の交流場になるんですね。家の実態は、住む人の意識で構築された菌のコロニーなのですよ。

確かにコロナの時に、手を洗いすぎると常在菌がなくなり、逆に免疫が落ちると聞いたことがあります。

新陳代謝も食べたものを消化するのも菌なくしてはできないし、菌に生かされているのが人間なわけで、菌が交流し合わないと、家族仲も悪くなっちゃうんですね。面白い！　今すぐ木のまな板を買いに走ります（笑）。

家庭運

食卓

［胃］

食卓とは家族みんなで共有するもの。家族仲や夫婦関係に大きく影響

1章でお伝えした通り、食卓のテーブルをお洒落な金属製のものに替えた途端に家族みんなの「胃」がおかしくなったご家庭がありました。

食材という大地からのエネルギーをのせるテーブル。それが木製なら温かい陽のエネルギー、金属やガラス製なら鋭い陰のエネルギーを発します。相性もありますが、木製であればまず間違いはありません。家族みんなに影響を与える場所であり、体でいうと「胃」。食卓で大事なのは、共に食べることです。家庭運が悪い家では、まずみんなで一緒に食事をしません。鍋や焼肉は食卓で家族と共有するものなので、特におすすめです。

おすすめアクション

木製のまな板と同じく、木のテーブルは温かい陽のエネルギーを発するためおすすめです。ちなみに『アーサー王と円卓の騎士』という物語があって、丸テーブルで会議をしたという円卓会議があります。なぜ丸いテーブルかというと、議論を活発にしながら、かつ喧嘩になりにくいのです。

意味論的に見ても「丸くおさまる」という働きとリンクします。反対に決事など神妙な時は、四角のテーブルがいいのです。安定感が生まれます。

ちょうど昨日、金属やガラス製のお洒落なテーブルを買ったばかりだったのに～！　という人は、どうしたらいいですか？

ここでもテーブルにお花ですよ。木のエネルギーをめちゃくちゃ充塡してくれます。他にもサボテンなどの土がついたものだったら、エネルギーが陰から陽へ変わるわけです。

なるほど、木のエネルギーを発するものを置いたらいいんですね！

そうそう、マッチングで対処できます。あとは子どもが描いた絵を飾ってみるのもいいですよ。子どもの絵は、陽のエネルギーをものすごく放射しています。ものよりも人間の心のエネルギーの方が断然強いからですね。

家庭運

リビング

［心臓］

交流や絆が生まれる場所。
完璧を求めすぎず、ゆとりを大事に！

風水は、部屋をきれいにすることが基本だと、どの本にも書いてあります。しかし、きれいにしすぎない方がいい場所があります。それがリビング。リビングではみんなが気持ちよく過ごせることが大事です。

パジャマが適当に置いてあったり、領収書が重ねてあったり、ある程度の乱雑さがあった方が、家族がゆったり交流できます。だからリビングに関しては徹底的に掃除をしなくてもOK。リビングは、家族との絆が生まれる場所。他の人のいい加減さを許容してあげる必要があるので、完璧に掃除せず、ゆるさがあることが大事なのです。

おすすめアクション

リビングのインテリアとして、おすすめなのが絵です。ただ、インパクトが強すぎるアートだと安らげない。これも家族関係破綻の可能性がありますね。リビングはだら〜んとくつろぐ場所なので、自然の風景など、見ていて「きれいだね」と言えるような、優しくてソフトなものがいい。レイアウトもきっちり完璧で、塵一つないリビングなんて、誰も落ち着かんですよ。リビングとはまさに、ゆとりを生きるところなんです。

ひすいこたろう

リビングは逆にいい加減さやだらしなさが大事というのは、家族で暮らしている人以外に、一人暮らしの人にも当てはまりますか？

ケルマデック

たとえば彼女の家を彼氏が訪れた時。リビングは少しだらしないくらいが、なんだかんだで彼氏も楽ちんだよ。リビングはみんなでホッとできる場所であり、ワイワイ楽しむ場所です。

ひすいこたろう

たしかに恋人の家がきれいすぎたら、自分も完璧を求められそう。汚しちゃいけないって怯えますもんね。まさにいい加減は良い加減。

ケルマデック

そうそう。いい加減さが大事な時もあるんです。

金運

トイレ

［お尻・排泄器官］

経済の循環、金運を司るトイレ。
いいお金の使い方をするには浄化！

入り口が玄関であれば、出口はトイレ。体の中では「お尻」「排泄器官」になります。口から入る食べ物は「命を生かすもの」、それは社会的には「お金」になります。この世界で、「循環」を象徴するものがお金であり、玄関とトイレは金運を司る場所なのです。お金を「通貨」というように、お金の本質は貯めることではなく「通過」させていくもの。どう通過させるか、お金の使い方（お金の出口）が問われるのです。周り（社会）を生かすような、お金が喜ぶような使い方を先に決めるといい循環が始まります。玄関とトイレはセットできれいにし、いい流れを呼び込みましょう。

おすすめ
アクション

トイレを浄化する方法としては、基本はピカピカに掃除をすること。あとは「パロサント」という浄化や魔除けに使われる強力な香木やミョウバン（硫酸アルミニウムカリウム）もいい。それらをトイレに置くのも一つの手ですね。家中の陰気なエネルギーを吹っ飛ばす裏技としては、天然のお塩を4分20秒フライパンで炒めて小皿に入れ玄関とトイレに1週間置く。1週間過ぎたら捨ててよし。これで家中の邪気が吹き飛びます。

ひすいこたろう

玄関（入り口）にはお花を飾り、トイレ（出口）には塩を置く。これでいい流れの循環を生み出せるんですね。風水ではこの方角に置きましょうというのをよく聞きますが、方角も大事ですか？

ケルマデック

それはもうね、置きやすい場所でいいんです。絶対ここじゃないといけない、という決まりはありません。方角がどうのこうのなんて言っていたら、生活できません（笑）。

ひすいこたろう

ははは、それはなんとも心強い言葉！　あと、舞台での表現を仕事にされている方が、トイレで大の方をした時に、その大に対して、流す前に手を合わせて「ありがとう」と感謝すると、オーラがきれいになると教えてくれました。

それは、面白いですね！　フィンドホーンという妖精と人間が作ったという有名な農場のトイレにも、ウンチの妖精の絵が飾ってあるそうですよ。

トイレで大に手を合わせていると、「食べた命が自分の一部になってくれたんだ。ありがとう。君たちの命の分までがんばるからね」というサムライ的な気持ちになってきます。

トイレは人をサムライにしてくれる場所なんだね。それではトイレに行っといいれ（笑）。

美容運

洗面台

［顔］

出口の役割がある洗面台は心身のスイッチを切り替える場所

顔を洗ったり、歯磨きをしたり、身なりを整えたり、洗面台の機能としては、トイレと同じく出口の役割があります。洗面台を使うのは「今から仕事に行くぞ、よし！」「これから寝るぞ」みたいに、切り替える時ですよね。人間には交感神経と副交感神経があり、それは日中と夜で切り替わります。「今から朝の部ですよ」「今から夜の部ですよ」と。自分の気持ちを切り替える場所が洗面台です。また、洗面台の鏡は、社会と繋がる窓ともいえるかもしれません。なので、理想の自分を引き寄せる宣言文（アファメーション）を鏡などの視界に入るとこに貼っておくといいでしょう。

おすすめ
アクション

宣言文（アファメーション）を言うのもおすすめです。朝、鏡に向かって「毎日少しずつ、わたしの体のすべてが、いま、ますますよくなりつつあります」と毎日言うようにと、エミール・クーエという薬剤師が、患者さんに指導したそうです。すると、驚異的な回復をみせクーエ療法と呼ばれるようになりました。

　ポイントは「〜なりたい」ではなく、「〜です」「〜なりつつある」と言い切ることです。

想像を超える嬉しいことが起きた時にするであろう、最高の笑顔を鏡の前でして、その自分の瞳を優しく見て、「ありがとう」と伝えるのも、うれしいことを引き寄せる方法になります。

笑顔の予祝ですね。

昔、その方法をラジオで話したら反響がすごくて、ラジオのプロデューサーさんもやるようになったら、なんと3カ月でほうれい線が消えたそうです。

あとここでケルマさんに聞きたいのは、洗面台で毎日することといえば歯磨きだから、歯磨きで何かポイントはありますか？

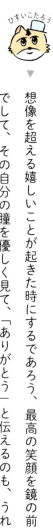

心理学では、「歯」は現実世界との折衝を意味するといわれます。だから社会とのやりとりに苦労している人は、歯が悪くなってしまうんです。たとえば受験生なんかは、歯が悪くなる子が多いみたいですよ。

社会的なストレスが加わると、歯がボロボロに……！

だからこそ歯ブラシで口の中をきれいにしておくことは、衛生面だけでなく、社会と上手くセッションするためにも大切なんです。

健康運・金運

お風呂

［腎臓］

体の中の毒素や老廃物を排出してコンディションを整える

お風呂場は「腎臓」の働きです。お水は浄化の力があるので「お風呂」＝「禊《みそ》ぎ」であり、入浴は浄化そのもの。「水に流す」という言葉通り、お風呂は、体の中の毒素や老廃物、さらに邪気をも外に出してくれる働きがあります。その分、重曹などでお掃除も忘れずに。

シャワーだけでは十分に浄化できないので、湯船に浸かることが大事です。また、映画『テルマエ・ロマエ』のように、お風呂は自分という境界線が希薄になるので異次元に繋がりやすいのです。お風呂タイムは瞑想タイムなのでゆっくりと浄化を楽しんでください。現代人は何もしない時間を嫌いますが、お風呂は、何もしない時間を味わう場所なのです。

おすすめアクション

水のアーシングは、天然塩や日本酒を入れての半身浴がおすすめです。ローソクを置いたり、防水仕様のスピーカーを持ち込んで音楽をかけたりすると、深い瞑想タイムを実現できます。心臓に負担がかからないように、みぞおちまでのお湯の量で水分補給をこまめに。半身浴をする時は、食後1時間後に。そしてお酒を飲んだあとは避けてください。入りすぎは体の負担になるので30分ほどで、寝ないようにご注意くださいね。

車のハンドルに遊びが必要なように、僕らの意識もボーっと何もしない時間を持つことが大事で、その意味で、湯船にゆったり浸かることは大事ですね。

はい。まさにお風呂は、日本版シャバットです。ノーベル賞の多くをユダヤ人が占めるほど、ユダヤ人は優秀な人が多いのですが、その秘密はズバリ、「シャバット」と呼ばれる習慣にあると言ってもいい。1週間のうち1日を何もしない日にする習慣です。その日を、いわば魂を整える聖なる日とするんです。

心理学者の河合《かわい》隼雄《はやお》さんは「今の人は、みんな『何かしなければ』と思いすぎる」と言っていました。

まさに、お風呂タイムは、日頃の忙しさを忘れて「やらなければいけない」を手放す日本版シャバットタイムになるのですよ。

くまのプーさんの言葉で、「何もしないをしてるんだよ」というのがすごく好きなんです。でも、現代人は何もしないことが苦手。だからお風呂タイムでゆったりボーッとするのは大事ですね。

お風呂では、裸になってお湯に浸かる。その時、人に「こう見られるべき」という社会的自我からも解放されます。なんせ裸ですから。上司、部下、お母さん、お父さんとしての役割からも解放されます。まさに裸になれる時間なんです。

社交運

窓

［瞳］

外との接点となる窓を開ければ、世界との繋がりが生まれる

窓は太陽の光エネルギーと外気を取り込む大事な箇所。窓は内と外の世界を繋ぐ接点になるので、たくさんの友人たちが集まる家というのは、たいてい窓が大きくオープンだったりします。

窓から外を眺めるという意味では、「瞳」の役割もあります。

だから窓を開けて景色を見て、換気をすることは外の世界との交流を促す意味でも重要です。

朝起きたら窓を開けて太陽の光と風を呼び込み、そして空を見上げよう。

スマホを見てばかりでは、それは別のウィンドウですから！

おすすめ
アクション

窓を拭くことを習慣にして、外の世界との接点が曇らないようにしましょう。

あとは昔ながらのハタキ。ハタキを使っていない家に長年住んでいると、病気になるというのはよくある話なんです。マイナスのエネルギーをパンパンッと祓うには、ハタキが一番です。まさに神社でいう祓いになるんです。

窓を全開にしたら、ハタキで叩く！　気のエネルギーを循環させるイメージで、淀んだ気を祓いましょう。

▼タクシーの運転手さんが、車の窓を拭いてきれいにしておくと売上が上がると言っていました。

▼それはあるでしょうね。窓は、外界との接点で、人の流れにも影響しますから。
だから、風通しの良い窓のところに風鈴などをつけると、いろいろな人がやってくる家になります。風鈴から音が出たら、「音連れ」、つまり「訪れ」という意味になり、友人たちがやってきやすい家になります。

▼これも「意味論」ですね。友人たちが訪れてくれる「訪れの家」こそ運がやってくるおうちになりますもんね。

切り替え運

階段・廊下

［体の境目］

家の中の境目である階段や廊下。
歩いていると思考のスイッチングに

不思議な現象が起こる場所は、橋やトンネルや峠が圧倒的に多いのです。それは向こうの世界とこっちの世界の境目だからです。

階段や廊下も基本的に同じで、家の中では境目といえる場所になります。

家の中の境目である階段や廊下を歩いていると、思考や気分を切り替えやすいのです。「そうだ。あれをやってみよう！」とスイッチングになる場所です。

科学的な発明や発見の多くは、仕事場から離れて廊下や階段を歩いた時などに発生していますね。

おすすめ
アクション

　リモートワークの気分転換をしたい時、あるいはちょっと新しい考え方に向かいたい時には、家の廊下をさりげなくうろうろしたり、階段を上り下りしたりしてみましょう。思考や気分のムラがなくなり、バランスが取れます。一つの場所に留まっていると、目の前の景色がずっと同じなので、同じ考えがぐるぐる回りやすいのです。そんな時は、階段・廊下などの境目の場所で、自分の足を動かして、スイッチングです！

神社にある石段の「踊り場」ってありますよね？

階段と階段の途中にある、広めのスペースです。神社にある石段の「踊り場」の存在理由を知ると、泣けるんですよ。

踊る場所じゃないわけだね？

はい、踊る場所じゃなかったんです（笑）。神社の踊り場が生まれた由来は、上がってきた人生の道を、上から見下ろすため、という説があるんです。つまり、自分自身が生きてきた今までの道のりを振り返り、自分で自分を褒めてあげるために存在するのだそうです。

な、な、泣ける……。

守護運

庭・ベランダ

［免疫］

自然界との接し方が表れる庭。
自然を循環させて経済の土壌も作る場所

「家庭」とは、家と庭と書くように、庭は家庭に必須のものです。庭は家の外に広がる自然界を表しますから、自然界との接点、繋がりを意味します。また、庭は子どもやペットが遊んだり、バーベキューしたりする安心安全、守られた空間。外界の脅威から守られているわけですから、肉体の免疫やメンタルの安心を意味します。だから、庭がないという方はベランダなどでガーデニングをして植物を育てることが大事になるのです。命を育てるのは循環の流れを生み出すこと。それは外の世界で循環する経済を作り出すエネルギーにもなります。ガーデニングはガーディアン、自然界の守り神になってくれるのです。

おすすめ
アクション

ガーデニングする際に、あなたの願いや、どんな世界にしたいかを種に託《たく》すつもりで、種を口の中に入れるか、あなたの唾液をつけてから植えてください。近年、科学者の研究によって「菌には知能がある」とわかっています。口内菌を通じて、情報が植物に伝達され、あなたの体や心を最適にしてくれる植物や食べ物になります。植物に話しかけてあげるのも大事。植物は、あなたの言葉を聞いて、外の世界に伝えてくれます。

菌には知能があると科学者が言っているので、私も菌とコミュニケーションする実験をしたことがあるのですよ。卵を2つ用意して、「たまこ」と「たまよ」と名付けてね。

名付けからすでに素敵です（笑）。

「たまこ」は殻を割ってボウルに落とし、ラップで覆い、「たまよ」は、口の中に入れ、想いを込めて、私は「たまよ」に言い聞かせたのですよ。「たまよ、いつまでも、きれいでいておくれ、モゴモゴ」。そしてボウルに移してからラップで覆ったのです。数週間後、何もしなかった「たまこ」は悲しくも腐り果て、「たまよ」の方は、つやつやと美しいままでした。

すごいなー。僕らは菌さまの力で生かされていることに気づくと、菌さまももっとやる気になってくれそうですね。

沖縄では新居に入居する前に、お味噌と塩を台所に置いておく風習があるそうです。味噌はできれば、手作りの味噌がベスト。なぜなら自分の菌が混じることで、先に家の菌と自分の菌が交流し、なじみ合うからだそうです。

体の8割は菌だと語る科学者もいるくらいですからね。人間の生命活動のすべては、菌に助けられているのですよ。

だから、日本人は、ぬか漬けのぬか床を作ったり、酒蔵を作ったり、漬物や納豆など、菌と共生する文化を作り上げてきたんですね。

「家庭」という言葉には、「庭」がありますね。庭は地中の菌との交流場なのです。

健康運

寝室

［自律神経］

心身の疲れを取るだけでなく、
潜在意識（超意識）と交流する場所

人間は寝ている間に潜在意識と交流しています。ノーベル賞受賞者の湯川秀樹博士が、アイデアを夢の中で得た話は有名です。

ある意味、深く寝ている時ほど、いい仕事をしているのです。そのためには、スマホを切って寝ましょう。

大学生500人の調査で、スマホに電源が入っているグループと入っていないグループで試験をした結果、電源が切れてる方が集中力が高く、成績が良くなることがわかったそうです。

電源が入っていると「メールが来てるかな」とか無意識にも気になってしまうからだそう。寝ても疲れが取れないのは、そのせいかもしれません。

おすすめ
アクション

寝る前と朝起きた時は、スマホで他人と繋がる前に、自分と繋がることが大事。とはいえスマホの電源を切るのはアラームもあるし難しいという人は、寝る前の瞑想がおすすめ。深い瞑想を30分すると、8時間寝たのと同じことに。お風呂で温まって、寝る1時間前から目に優しい照明に切り替えます。キラキラした水晶をボーッと眺めるだけでも、深く瞑想に入っていけます。炎が揺れるキャンドル風のライトもいいですね。

ケルマデック

前にね、ひすいさんが語ってくれたじゃないですか。ひすいさんが最初に入社した新潟の社長さんの話。
毎年、新入社員が入る時期になると、みんな車で営業に行くため事故が増えて、保険料が高くなってしまうので、事故がなくなる方法を社長さんが考えられたとかで。

ひすいこたろう

あ、そうそう。すごくユニークな社長で、車に乗る前に、恋人に触れるように車を愛撫《あいぶ》せよってアイデアを出して。優しく車をなでなでして、「今日はよろしく頼むよ」と伝えて乗ってくださいと。

ケルマデック

すごい社長さんだねえー（笑）。

ひすいこたろう

そんな方法で事故がなくなるの？って思ったんですが、それで本当に事故が起きなくなったんです。社長はいつも斬新なアイデアを出すので聞いて

みたんです。どうしたら、そんなアイデアが出るんですか？って。そうしたら寝る前に、答えが欲しい問いをノートに書いて寝ると、翌日か遅くとも1週間程度で答えが閃くと。

まさに社長さんは寝てる間に、潜在意識と交流していたわけですな。

寝ている時に潜在意識に深く繋がるとしたら、「問い」を持って寝るというのが大事になりますね。睡眠が宇宙Ｗｉ－Ｆｉで、「問い」が検索エンジンなんです。これで寝てる間に、答えがやってくるようになる。ムダに起きてる場合じゃないですね（笑）。

神秘運

聖域

［松果体（第三の目）］

ネガティブな気持ちを追い出し、清々しい気持ちで高次元に繋がる

聖なる領域を「サンクチュアリ」と言います。家の中では仏壇や神棚がそう。仏壇や神棚がなくても、自分がいいと思うものなら何でもいいので、自分なりの聖域を家の中に作ることは大切です。「ここが聖域だ」という、あなたの意識が聖域に力を与え、高次元の世界と繋がれるようになります。

生きていれば落ち込んだり、ネガティブになったりすることはあるわけで、そんな時に、聖域に手を合わせ、目に見えない世界と繋がる時間を持つことで、スッとニュートラルに戻れるのです。サンクチュアリの嗜《たしな》みとして、お香を焚いたり、鐘を鳴らしたりしてうっとりしてくださいね。

おすすめアクション

仏壇や神棚のように「サンクチュアリ」の象徴となるものは、自分が本当に大事だと思うものでもＯＫ。思い入れがあるならプラモデルでも大丈夫です。私の神棚には『宇宙戦艦ヤマト』のプラモデルと『魔法少女まどか☆マギカ』のフィギュアが置いてありますからね。Ｍｙサンクチュアリを作り、神聖な気持ちで手を合わせられる場所を決め、そこに「今日もありがとう」と伝えましょう。

次第に心が晴れ晴れしてきます。

ひすいこたろう

三国志の天才軍師・諸葛孔明は、伝説の扇を持っていたそうなのです。その扇をあおぐや、負けていてもそこから形勢が逆転するという。その扇の作り方というのがありまして、まず家の中に聖域を作るのです。

ケルマデック

ほう。興味深いですな。
やっぱりサンクチュアリですか。

ひすいこたろう

そうなんです。サンクチュアリは神聖なので誰も入ってはいけない。で、そこに扇を祀るのです。で、毎日、それを神様として見立てて拝むのだそうです。すると、その祈りで、扇が神様の働きを次第に帯びてくるというのです。

ケルマデック

まさにそれが意識の奥義。扇だけに奥義ですな。パワースポットは、自分の意識で作れるのだよ。家の中に、聖なる場所を作ることで、高次のエネルギーを呼び込む装置にできるのだよ。

ノスタルジック運

クローゼット

［贅肉・海馬］

未練や執着、過去の重い思い（エネルギー）を手放したい時に

クローゼットの中の不要なものを捨てることは、過去のエネルギーと別れてニュートラルに戻る行為です。

エピソード記憶といって、人間は様々な思い出を「モノ」にのせています。

いい思い出ならいいのですが、思いが重い。元彼からもらったプレゼントが、未練や執着になっている場合があるんです。それらを持ち続けていると、どうしても過去に引っ張られてしまいます。

今の自分に必要なくなった過去に繋がる「モノ」は感謝して手放し身軽になり、軽やかに新しい世界へ行きましょう。

おすすめアクション

財布は毎年替えた方がいい、下着はまめに新調した方がいいとよく聞く話ですが、私は、正直、頻繁に買い替える必要はないと思います。それこそ、女房と畳は新しい方がいいみたいになっちゃう。それは違いますよね。手放したい思い出の品は手放した方がいいんですが、素敵な思い出が宿るものや、気に入っているものは、ずっと大事にしたいですよね。「モノ」に関わる人の心のエネルギーが大事なんです。

過去の不要なものとは決別するというお話でしたが、たとえば、もう忘れたい元彼からもらった、お気に入りの財布があったとしたら、どちらを取ればいいでしょうか？

愛を取るかお金を取るか、みたいな話ですね（笑）。元彼からもらったプレゼントですから、過去の不要な思い出がのっかっているわけですよね。古い過去の人に、こだわっていてもダメだと思いますよ。お金（プレゼント）よりも、相手の方が大事だと思えるようであれば残してもいいと思いますが。

なるほど。過去の不要なものは、重い負のエネルギーを放っていると思うと、手放しやすくなりますね。

Hisui Column

日本のお家芸「意味論」

60ページの表札の話で、「意味論」というものが出てきました。

「社会的な活躍」とは「名が外に知られていくこと」。表札とは「名を表に出すこと」。意味的に、一緒なんです。すると、ここに相関関係が生まれてきます。これは「意味論」という考え方になります。

これをひすい的に神社の例で解説してみたいと思います。

神社は、意味的に、女性の子宮に重ね合わせており、「新しく生まれ変わる」(誕生)という働きが生じる装置になっています。

「鳥居」は「女性外陰部」であり、「参道」は文字通り「産道」その奥には「お宮」（子宮）があります。

男女のまぐわいと、人と神が交わる場所という意味を重ね合わせているわけです。そして神社は、御神体として鏡を祀られているところが多いわけですが、私が私がというエゴであるガ（我）が抜けると、「カガミ」に映る自分が「カミ」となるという仕掛けです。

おせち料理にも、この意味論は盛り込まれています。願いや祈りを縁起の良い言葉に当てたり(語呂合わせ)、形や色に意味を込めたりするのです。

たとえば腰の曲がったエビは、長寿の神様である恵比寿様や寿老人を表し、長生きする願いをうつし、レンコンは穴があいているので、そこから「見通しの良さ」を願ったものです。

おせちは重箱に入れますが、そこにも願いをうつしています。たくさんの食材を使うことで、食べ物に困らない豊かな人生になるようにという祈りをうつし、また、めでたさを重ねるという意味合いで重箱に入れているのです。

黒豆は「黒くまめまめしく」という語呂から、「陽に焼けてまめまめしくよく働くように」との願いをうつし、昆布巻きは、「よろこぶ」という語呂合わせからよろこびをうつしています。

数の子は、ニシンの卵で、二親から大勢の子が出るという意味から子孫繁栄の願いをうつしています。紅白かまぼこは日の出を象徴する色と形で、かまぼこの赤色は喜びやめでたさ、白色は神聖な意味をうつしています。

このように、おせち料理とは、願いを言葉（駄洒落）を通して、食物に意味をうつし、味わい、その願いと一つになる行為（呪術）なんです。

和歌の掛け言葉も駄洒落も意味をうつす日本のお家芸なんです。

ちなみに、「足をすくわれる」という言葉があるように、足元を大切にすることはいい人生を送るための基礎になるわけですが、意味論としては、「足元」＝「靴」となります。

「靴磨き」は、まさに**「足元を大事にする」**こととリンクするわけです。

ケルマさんが言っていましたが、靴磨きは強力な運気を作り出すそうで、靴を磨くことで、営業成績が上がる人も多いのだとか。

ちなみにキアヌ・リーブス主演の『マトリックス』という映画は、世界は仮想現実であり、それを表すように映画の中では無数の緑の記号が流れ落ちるように描かれている有名なシーンがあります。あれは一時停止するとわかりますが、「言語」なんです。言語で仮想現実が作られているという設定なんですが、その言語は、なんと日本語のカタカナを反転させたものです。『マトリックス』、一時停止して見てみてくださいね。

仮想空間が、言語でできあがっているとしたら、

つまり、この世界は意識で生み出している世

界だと言えるわけです。

だから、言語で意味をうつすことで働きをうつせると日本人は考えて、おせち料理を構築したわけです。

お正月に門松《まつ》を飾るのも年神様を「待つ」という意味をうつしているんです。

ひすいこたろう、僕のペンネームに、「ひすい」と名前をいただいたのもそこに僕の願いをうつしています。僕は新潟で育ったんですが、父とわだかまる前の子どもの頃、父がよく糸魚川の姫川に連れて行ってくれたんです。姫川は、宝石のヒスイの産地で、子どもの頃の僕は姫川を父と散歩するのが大好きだったんです。今でもヒスイが流れ着く「ひすい海岸」では、朝からヒスイを探しに全国から多くの人が訪れています。僕にとって、ヒスイとは、子どもの頃の父との楽しい思い出の象徴なんです。

作家ひすいこたろうという名前は、本を通して、あなたの中の無邪気な子ども心（ワンダーチャイルド）を目覚めさせたいという願いをうつしているのです。

また、ヒスイは約1万4千年間、争いなく平和に暮らしていたという縄文時代において最も大切に愛されていた宝石です。その頃の平和で幸せな記憶が、今の時代に復活するようにという願いも込めています。そんな思いで、ペンネームを決めたわけではないので、たまたまなんですけど、「氏名」に宿る「使命」が発動し、僕を動かしてくれているような気がします。

言葉や形に意味をのせて、意図を込めて、願いをうつす。
これは意識という、究極の風水原理を使った呪術なのです。

Chapter

3

心と体の状態が「見える化」するホームプロダクト

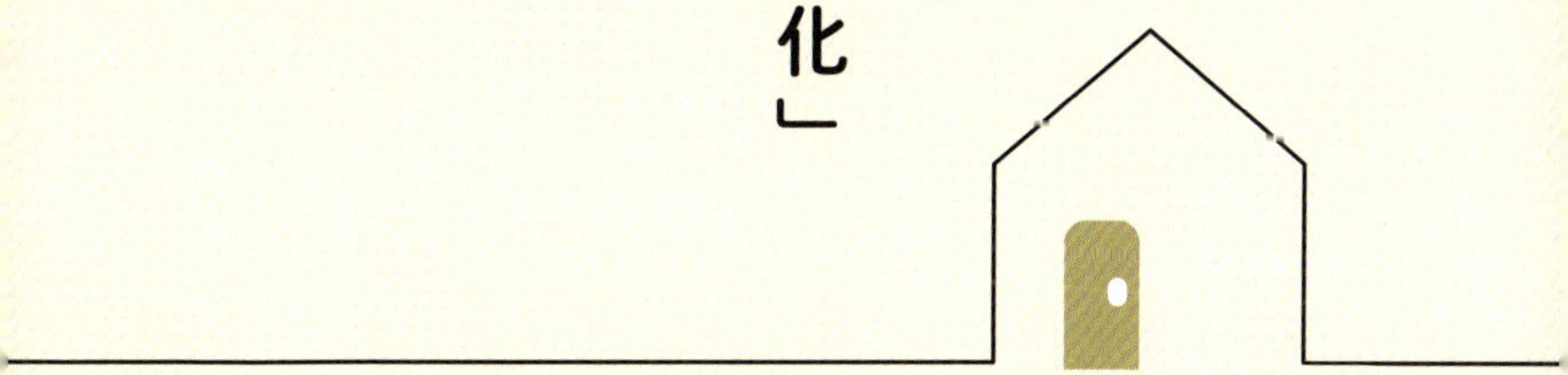

「住む人」と「家」は共鳴関係にある

スイスの精神科医・心理学者ユングは「心身の状態が家全体で表現される」という「外在化」に言及しています。

ゴミ屋敷の住人が心にトラブルを抱えているケースはよく聞く話です。

「住む人」と「家」は共鳴関係にあります。

3章では、心と体の状態を〝見える化(可視化)〟する、より具体的なホームプロダクトをご紹介します。ご自身の状態と重ね合わせながら一つ一つ確認してみてください。

ケルマデック

金運

冷蔵庫

［胃・肝臓］

エネルギーのストック場所！
胃や肝臓の状態を表します

冷蔵庫にはビールしかない……これはいかんでしょう！　冷蔵庫を見たら内臓の数値がわかるくらい、冷蔵庫は命の母体であり、「胃」や「肝臓」の状態をそのまま表します。まさに、エネルギーのストック場所。

経済状況とも関係があるので、お金がある人とない人の冷蔵庫は一目瞭然です。

冷蔵庫に家族の伝言を貼るケースはよく見かけますが、家族交流のエネルギーが冷蔵庫に転写されるのでとてもいいのです。冷蔵庫に子どもがシールを貼るのもよしです。

ひすいこたろう
▼
冷蔵庫の中身に関しては、何か理想的な状態はありますか？

ケルマデック
▼
豊かな食材が入っていることももちろん大事ですが、買ってきたお惣菜ではなく、自分の手で調理したものが入っていることが重要ですね。

ひすいこたろう
▼
栄養が偏るからですか？

ケルマデック
▼
自分が調理したものには、自分の菌が入るんです。冷蔵庫は、実際には菌の貯蔵庫なんですよ。

ひすいこたろう
▼
冷蔵庫の中に菌を貯蔵しておくとは？

自分で調理したもの（自分の菌）を入れておくと、冷蔵庫の中でエネルギーがどんどん高まっていくんです。本来、冷蔵庫には、食材を良い状態のまま保存したいという僕らの意識が入っている。だから良い状態でエネルギーが高まっていくわけ。

冷蔵庫は、自分で調理したＭｙ菌入りのものを保管しておく『菌の貯蔵庫』であり、そこに家族の交流の伝言を貼ったり、子どもがシールを貼ったりすることで、冷蔵庫の中の食材を介して家族のエネルギーが交流し合うわけですね。冷蔵庫、ただヒヤッとしてるやつじゃなかったんですね（笑）。

健康運

エアコン

［皮膚・鼻］

奥に潜む黒カビはネガティブなエネルギーが形になったもの

皮膚呼吸、鼻呼吸と言われるように、エアコンは人間の体でいうと「皮膚」であり「鼻」です。

皮膚や鼻の調子が悪い人は、エアコンのコンディションが悪い可能性があります。

そう、カバーを開けると黒カビが発生しているんですよ！

黒カビとは、人間のネガティブなエネルギーが形になったもの。神経毒を発生させて、気持ちが鬱々としたり、被害妄想が大きくなったり。

対抗するには、やっぱり掃除とカビ取り剤ですね！ 徹底的にきれいにすると、ネガティブなエネルギーを祓《はら》えます。

ネガティブな感情は神経毒になるとのことで、一升瓶に普通の精神状態で息を吹き込み、ハエを入れると、40分くらいで窒息死するそうですが、怒りの状態で息を吹き込むと3分ほどで死ぬんだそうです。

怪奇現象が起きる家や問題が多い家では、住む人がどんどん病気になっていくんですよ。そこには共通点があって、どの家にも黒カビがすごいんです。ネガティブな感情を出すとエアコンやお風呂に黒カビが発生し、家の中が負のエネルギーで充満していきます。

エアコンは鼻呼吸ともリンクしてくるわけだし、お風呂は、体の中の毒素を外に出す場所ですから、エアコンとお風呂は特に入念にお掃除が必要ですね。

創造運

電気

［心］

人間の心の状態が大きく影響！
電球は温かい色の方がおすすめ

ある女性が失恋をして「もう、誰にも会いたくない！」と思ったそうです。

すると電話線もパソコンの回線も、家中の電気まわりが全部ダメになって、見事に外部からシャットアウトされました。

まさに彼女の心の状態が、家で表現されているわけですね。

家の中の電球の寿命というのも不思議で、その部屋で何をするかで電球の寿命が著しく変化するんです。

仕事部屋のような、ストレスが多い場所では寿命が短い傾向にあります。

ケルマデック

電球は、できたら青白い光はあまり使わない方がいいかなと思います。

ひすいこたろう

青白い光は、冷たい印象ということですか？

ケルマデック

そうですね。暖色の明かりの方が、部屋をほっと温かくしてくれます。

ひすいこたろう

青白くて冷たい光か、暖色の温かい光か。長く持つからって経済的な理由で選びがちですが、家の明かりはそのまま、自分のハートの明かりとリンクするわけで、明かりは重要ですね。

ケルマデック

明かりの色によって、人間の心は大きな影響を受けますからね。もちろん部屋によって電球を使い分けるのもありです。

メンタルヘルス運

スマホ・パソコン

［脳］

ネットやSNSは諸刃の剣。

時間を決めて、脳を休めること！


現代の一日の情報量は江戸時代の一年分、平安時代の一生分と言われています。

認知症の原因も、情報過多で脳の許容量を超えたことにあるとの説もあります。

その「脳」と相関関係があるのが「スマホ」。脳であるスマホは、寝る時でさえ、電源が切られることはないので、バランスを崩し完全に脳は疲弊し切っているのです。

せめて寝る時はスマホの電源をＯＦＦにし、脳をゆったり休ませてあげることは今、何より大事です。スマホを切ることで、逆に宇宙Ｗｉ－Ｆｉと繋がりやすくなるのです。

スマホができて、100%便利になった半面、僕らは前よりも100%時間に追われる存在になっちゃっていますもんね。でも、スマホが悪いわけではない。

時間をちゃんと区切って、寝る前は切るとか使い方が大事になりますね。

おすすめは、リビングを充実させることです。リビングはみんなで共有する場所であり、みんなで楽しい時間を共有できる場所です。「リビング(LIVING)」って「生きている」ってことですからね!

リビングでみんなと共有できることというと、一緒に映画を観たり、ゲームをしたり?

ゲームは必須アイテムですね。みんなでゲームをすると物凄く白熱して、それはもう家庭に良いエネルギーが生まれます。あとはお菓子と一緒に、ティータイムなんかも良いですね。

僕は、一日の最後にスマホを見るのではなく、「おつかれ茶ま」時間を持とうと推奨しているんです。お茶をゆったり味わいながら、今日の小さなマイハッピーを3つ思い出して、「幸せだなー」と言ってノートに書き記すハッピー習慣。そのための「おつかれ茶ま」という無農薬の特別なお茶も作ったので、ぜひ味わってみてほしいですね。

クリエイティブ運

本棚

［脳］

本棚の中身を楽しいもので揃えると自分の脳とも無意識に繋がります

「人に本棚を見られるのは恥ずかしい」とよく言われますが、本棚はその人の「脳」の中身そのもの。本棚を見れば、脳が何で構成されているかがわかります。

この本棚の性質を応用して、なりたい自分になる方法があります。どんな存在になりたいのか、そのために必要な本を置くことで、その本のエネルギー（情報）を無意識にダウンロードできるからです。

だから、必ずしも本は読まなくてもいいのです。なりたい自分をまず本棚から作るんです。

エドガー・ケイシーという大予言者がいました。彼はどんなに勉強しても上手くいかず、父親に頭を叩かれたそうなんです。すると彼は言ったんです。「僕は普通の方法では勉強できないんだよ」って。

20世紀最大のサイキッカーと言われた彼はどんな方法で勉強を？

寝ている時に、枕元に本を置いたそうです。すると次の日に起きたら全部、本の内容を覚えているわけ。無意識のうちに、本と脳が繋がっているんですよ。

言語学者の七沢《ななさわ》賢治《けんじ》先生という方も言っていました。枕元に本を置いて寝るだけで必要な時に取り出すことができると。

本は置いておくだけでも波動を通して、私たちは影響を受けているのですが、本の内容はバランスをとった方がいい。とても厳格な仕事をやっている人の身内が、なぜか犯罪者になることがあります。

本棚も、真面目な本ばかりにせず、ちょっとエッチな本も挟んでおいた方がいいってことですね（笑）。何事もバランス、あそびが大事なんですね。

神秘運

カーテン

［心］

外の世界から入ってくる光のエネルギーを拡散させよう

窓と同じく、カーテンは外の世界とプライベートとの接点です。窓を開けっぱなしにしてひきこもる人は少ないはず。カーテンを閉めることで、外の世界にシャッターを下ろしているのです。でも、それでは外からの光のエネルギーが入ってきません。

おすすめは「サンキャッチャー」。外から入ってきたエネルギーを、虹の光にして家の中に拡散させてくれます。

心がネガティブに侵食されているなと感じたら活用してみてください。

ひすいこたろう

カーテンを閉めて、ひきこもっている人におすすめのことはありますか？

ケルマデック

部屋にポスターを貼るといいですよ。男性なら、美しい女性のポスター、女性ならイケメン。

ひすいこたろう

え？ ポスター？

ケルマデック

男の子が、アイドルのポスターを貼っているじゃないですか。それは、ある種の呪術なんですよ。すると、ぐんぐん仕事運なり、恋愛運が上がるんです。そして、美しくなる。

ひすいこたろう

美しくなるんですか？

妊娠中に美人顔の写真や絵を飾っておくと、きれいな顔の赤ちゃんが生まれてくるよってよく言います。これ本当なんですよ。

実は、人間の遺伝子って、しょっちゅう変化しています。だから昭和5年の人の顔写真と、今の高校生の顔を比べてください。とてつもない隔たりがあります。メディアで、もてはやされてる顔をずっと見てると、遺伝子はカンタンに変化していくんです。

確かに。夫婦って顔が似てくるって言うし。それどころか、ペットとも似てきますよね。

はい。ほんと笑えるくらい似てきます。

ちなみに、どんなポスターがいいんですか？

ポスターは異性のものがいいです。たとえばこの女性は、なんてきれいなんだろうって思うのは、実は、自分の中にあるものが反応しているんです。だから美しい女性を見たら、男性は自然に男になろうとします。反対に女性の方はイケメンを見ると、自ずと理想的な女になっていくわけです。

じゃあ、大好きなアイドルを推し活するのはとってもいいわけですね。そういえば、甲子園出場校は男女共学のところが圧倒的に多いそうなんです。女性に見られないと男性は本気が出ないんですよね（笑）。

対人運

衣類

［皮膚］

洗濯物は太陽の光を当てて干すと人間関係にいい影響が！

人間関係のゴタゴタに悩んでいる人は、洗濯した服を外干しし、陽の光を当ててみてください。太陽の光に当てると「陽」のエネルギーが生まれ、いい影響を受けるのが人間関係です。

部屋干しでは「陰」のエネルギーが溜まってしまいます。

衣類は人間の体でいうと「皮膚」。

人と接する時の境界線になる役割で、その境界線となる衣類は、干す時に、太陽の光を浴びているか否かで、「陽」と「陰」のエネルギーが変わるのです。

ひすいこたろう

部屋干しをすると、衣類がニオうことがありますよね。これはやっぱり「陰」のエネルギーが溜まっているのも原因ですか？

ケルマデック

本で考えてみましょう。図書館の本はニオわないのに、古書店の本はなんだかニオいますよね。なぜだと思いますか？

ひすいこたろう

古書店の本は、もともと所持していた人の「自分のものだ」という意識がもろに入るからですかね。

ケルマデック

まさしく！　買った時点で「自分のものだ」という意識が入り込むんです。その思いが菌と混じり合ってニオイの元になるんですが、天日干しには殺菌・消臭の効果もあるので、太陽の光に当てることでクリアになります。

仕事の関係で天日干しが難しい場合は、太陽の写真を飾ったらいいんです。

写真の太陽でいいんですか？

神社だって、御神体は鏡ですよ。そこに映るのは？　自分ですね。心に太陽。たとえ写真でも、自分がこれが太陽だって思えば、その働きが出てくるわけですよ。これが超常戦士の醍醐味ですな（笑）。

思う力、意識の力、意図する力。これぞ、まさに魔力なんですね。

家庭運

こたつ

［心臓］

コミュニケーションが生まれるエネルギーのブラックホール

こたつで、一緒に鍋をしたり、ゲームをしたりすると、みんなの視線が否応なく向き合います。こうして視線と視線が交差する場所には良いエネルギーが生まれます。そして自然とコミュニケーションも生まれて、家族仲も良くなっていくんです。

一度、こたつに吸い込まれたら、出られない。ここはもう、エネルギーのブラックホール！

人間の体なら「心臓」といえる大事なパワースポットです。

視線と視線が向き合い、交差する場所には良いエネルギーが生まれる。これはまさに、アインシュタインのE＝mc^{2}ですね。E（エネルギー）＝m（質量）×c（光速）の2乗。光の2乗とは「私」と「あなた」の視線の交差。アインシュタインの公式は、こたつのことだったんですね！

こたつおそるべし！　こたつは、家族仲を活性化する場所であり、縄文時代の囲炉裏級の存在感ですな。

こたつがあるリビングは、みんながワイワイ楽しむ家の心臓で、家族仲の促進になる。

能率とか効率で動けなくなる、不思議なブラックホールです。時間に追い

詰められている現代人も、魔力が発生するこたつでは、ダラダラと何もしない時間が楽しめるんです。うっとりしちゃって、入ったら動けなくなるでしょう？

外国ではテーブルと椅子の生活が基本ですから、こたつはまさに日本の文化ですね。KOTATSUは世界で流行るかも！

KOTATSUは世界を救うのだよ！

Hisui Column

箸置きで、超能力者になれる!?

物理学者の保江邦夫《やすえくにお》さんとBirdie《バーディー》さんとの共著で『時空を操るマジシャンたち』という本を書かれた、大人気のマジシャン響仁《ひびきじん》さんのワークショップで、スプーン曲げに挑戦する時間があったのです。

誘ってくれた方に、「みんなびっくりするくらい、すぐに曲がるよ」って言われたんですが、僕だけ曲がらなかったらどうしようって不安があったので、前日に家でやってみたんですが、もう、曲がんない、曲がんない。

で、いざワークショップ本番。

前日、曲がらなかった僕としては、「僕だけ曲がらないなんてことになったら嫌だなー」って思っていたんです。そう思えば思うほど焦ってきます。

そんな中、響仁さんがコツをいくつか教えてくれ、その通り曲げてみると、

ひゃーーーーーーー
ま、ま、ま、がる!!!

びっくりするくらい曲がり、もうドヤ顔（笑）。

その時の写真です。
主催者さんが言う通り、みんな曲がっていました。
コツがいくつかあるんですが、その中で一つだけシェアさせていただくと、ズバリ秘訣は「呼吸」なんです。

息を吸っている時って全く力が出ないんです。

人間の眠っている力が発揮されるのは、
息を吐いている時なんです。

だから武道の達人同士の戦いでは、息が長い方が勝つと言われます。

現役生活が長い人を「息が長い」と言い、もう少しでゴールに着く時は、「あと一息」。先が見えない時は「息が詰まる」。気が合う人を「息が合う」。合わない時は「息苦しい」。人生で大切なことは、全部、息の問題だったんです。

そもそも「いのち」の語源は「息の内（うち）」だと言われています。

息する躍動、それが、いのちなんです。

「1秒長く吐く！ これだけで人生変わる」

これは呼吸王・のりさんごさんの言葉です。

会議をする前、料理を作る際、眠る前、朝起きた時、要所、要所で、1秒長く息を吐く習慣を持つだけで、人生の質が全然変わります。

「息」とは、「自」らの「心」と書きます。

息を整えることが心を整えることなんです。

家に置き換えるなら、呼吸は換気です。

朝、窓を開けて新鮮な空気を家に取り込むことはとても大事なのです。

我が家では、どんなに僕が寝坊しても、毎朝、妻が僕の部屋の換気をしてくれています。

人が生まれる時に「オギャー」と泣いているのは、息を吐いているわけです。「息を引き取る」という言葉があるように、亡くなる時は息を吸って終わりを迎えます。

「息を吐くのは『生命力』の発現なのだよ」

ケルマさんもそう言っていました。

そして、その呼吸を深めるキッチンアイテムが、実は「箸置き」なんです。

箸置きは何のためにあるのかご存知ですか?

箸置きは、言うまでもなく、箸を置くためにあるんです。

なんで箸を置く必要があるのか？

箸を置いて、よく咀嚼《そしゃく》するためにあるんです。

よく噛んで咀嚼すると、鼻のツボを刺激し呼吸が深まるんだそうです。

鼻の硬い骨と柔らかい骨のところの右側に小腸系、左側に大腸系があって咀嚼が足りないと胃腸に負担がかかり、するとその部分が膨張して鼻の通りが悪くなるのだそうです。

そして、よく咀嚼して胃腸のストレスがなくなった時に、その膨張がなくなり鼻の通りが良くなるのだとか。今度、共著する天才治療家の杉本錬堂《すぎもとれんどう》さんがそう教えてくれました。

早食いの人は、咀嚼が足りず、呼吸が浅くなるのです。

「咀嚼」と「呼吸」は相関関係にあったのです。

さらに、よく咀嚼することで出る唾液は最強の免疫力を誇り、唾液に含まれるペルオキシダーゼというたんぱく質には、発がん性物質の発がん作用を消す作用があるんです。

特に食べ始めの2分でいいので、食材をよく見て、香りを楽しみ、五感をフルに使って味わってみてください。ゆったり「食を味わう力」が「幸せを味わう力」とリンクするんです。幸せになるには「幸せを味わう力」を育てるのが一番大事です。

結論。「噛むこと」は「神事（カミゴト）」だったんです。

Chapter

4

その悩み、今すぐコレを変えてみよう！

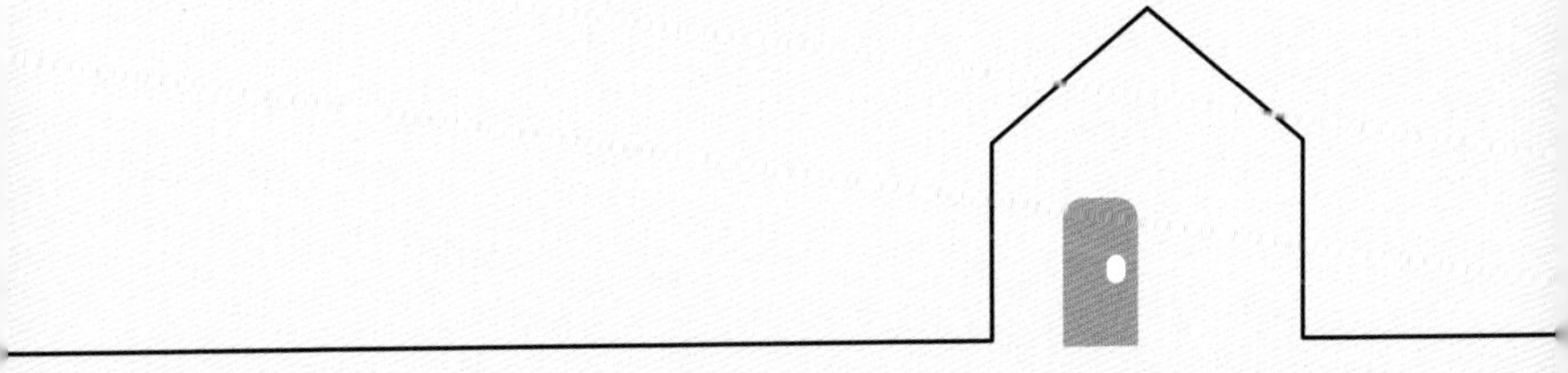

恋愛運

お悩み

「なかなか出会いがない」
「何年も恋人がいない」
「好きな人に上手くアプローチできない」

新しい出会いを求めている人は家に表札を掲げよ！

ひすいこたろう

恋愛というと、まずは出会いからですよね！　ケルマさん、30年のセッションの歴史の中では、とっておきの恋愛運UPのアドバイスもありますよね？

ケルマデック

「もう何年も彼氏がいません」という、テレビ局のプロデューサーさんがいました。とても仕事ができる、美人さんなんですけども。それで表札についてはすでにお伝えしましたが（60ページ）、「家に表札を付けてみたらどうですか？」という話になったんです。

表札は「顔」として、外の世界に出ていくエネルギーになるんでしたよね。
仕事運だけでなく、恋愛運にも機能するんですか？

そうなんです。女性の場合、実は恋愛運にめちゃくちゃ機能するんですよ。
プロデューサーの彼女も、表札を付けたらすかさず彼氏ができたという報告がありました。同じようなケースが何件もあったので、やっぱりエネルギーとして外に自分を出していくというのは、仕事運だけではなく恋愛にも、すごく大事なことです。

出会いを求めている人は、まずは自分のエネルギーを外に表現することから始めようということですね。

寝室も宇宙エネルギーが働くブラックホールの一つ

ケルマデック

他にも裏技がありますよ！「房中術」という中国の養生テクニックがあります。寝室を「男性、come on！」という設定にしておくんです。

ひすいこたろう

寝室を「男性、come on！」……!?

ケルマデック

寝室がそれこそブラックホールみたいに、男性をワーッと吸い込む場所になるんです。こたつだけではなく、実は寝室も宇宙エネルギーが働くブラックホールの一つなんですよ。

寝室ブラックホール計画!!! そんな秘策があったとは! で、具体的には、寝室でどのようなことをしたらいいのでしょう?

寝室にさりげなくぽんっと、花瓶を置くという方法があります。実は花瓶というのが、子宮の象徴なんです。そこに男性が吸い込まれていくという。

ひゃーーーケルマさんの方法はいつも意外性があって、楽しくて、努力いらずで、お金もあんまりかからないのがいいっ!!!(笑)。

で、出会いを求めている間は、花瓶はカラの状態にします。パートナーができたら、花を飾りましょう。

友達の家で、カラの花瓶があったら恋人募集中のサインですね（笑）。

ある家庭でね、「なかなか赤ちゃんができない」という女性がいらっしゃいました。その女性の家の中を見てみると、もうあっちこっちにカラの花瓶が置いてあるわけですよ。花瓶は子宮の象徴だから、カラの子宮がたくさんある状態になってしまうんですよね。だから「花瓶は一つにして、そこに花を生けたらどうかな？」とアドバイスをしました。この状態は、子宮の中に命（＝花）が入っているのを意味します。

わーーーこんなところにも意味論（110ページ）が！　意味論がわかると、そこに意図を持って意味付けすればいいわけで、いろいろと応用できそうですね。

そして、寝室の花瓶を通して命が吹き込まれるとは、まさに引き寄せですね。

彼女は間もなく妊娠したそうです。花瓶はとにかく美しく、清らかなものを選びましょう。小さなサイズでも、ブラックホールのように吸い寄せるパワーがあります。

小さい花瓶でもいい。どこまでも財布に優しいケルマさんが好き！(笑)

あなたのもとにやってくるのは、心の底からあなたが必要としている人

ひすいこたろう

たとえば寝室に花瓶を置いて、恋人を引き寄せたい人がいたとします。「こういう恋人がいい」みたいな具体的なイメージを紙に書いて、花瓶の下に置いておくと、そういう人を引きつけるとか可能ですか？

ケルマデック

う〜ん、それはね……。実を言うと、みなさんの「こういう恋人がいい」みたいなイメージは、意識の表面であって、その人が心底望んでいるものや心底必要な人というのは、また別のケースが多いと思うんです。だからむしろ「こういう恋人じゃなきゃ！」という頑なイメージとなって、邪魔に

なっちゃう。

た、確かに！！！　恋人ができたって人って、大概、表面的に望んでたタイプじゃないってみんな言いますもんね。恋にエゴは邪魔になるんですね。大人の恋は深いなー（笑）。

ではシンプルに花瓶を置いておくだけでいいわけですね！

そうです。時々いるんですよ、40代半ばの大金持ちの男性でね。とにかく「顔は女優さんにそっくりで」「細身でスタイルが良くて」「20代で」とか。まぁ男のロマンとしてはいいけどさ、実際には違う人が来るケースが多いからねって。

なるほどなー。磁石だって、引きつけるのはN-Sと全くタイプが違う相手ですもんね。人と人とのご縁は表面意識では計れないってことですね。そういう意味では、こういう相手がいいってエゴをいったん、全部出した上で、それを燃やす。手放すという意味で。そして、自分に最適な相手を宇宙に全托するという、恋の護摩行もありですね（笑）。

そう！　ご縁は宇宙に託しましょう。

寝室に名前（表札）を付けることで心の内を分かち合える人と出会える

恋愛のお悩みって、いろいろなケースがありますよね。最近ではマッチングアプリでの出会いも増えているし、出会いの場へ出かけていく必要性は感じていても、ハードルが高いと感じる人やフットワークが軽くない人は、どうしたらいいでしょうか？

実は、それにもいい案があるんです。

さすがケルマ兄貴！　頼りになるっす！

これまでお話ししてきたように、玄関に表札を付けることは、社会と接するという意味がありますよね。それに対して寝室は本当にプライベートスペースで、自分が信じている人しか入れない場所です。そこで新たな出会いを求める人におすすめなのが、自分の寝室に表札を付けることです。

寝室にネームプレート大作戦。1章にもありましたね。

寝室に名前を付けるのにはメリットがあって、心の内を分かち合える人と出会えるようになるわけです。寝室の名前は、自分の好きなものでいいですよ。極端に言うと、「時空研究所」っていう表札を付けちゃってもOK。

ひすいこたろう

もう、それはケルマさんが引き寄せられちゃいますね(笑)。実際は、寝室に表札を付けることで、どのような働きが生まれるんですか?

ケルマデック

はい。表札を付けることによって、心の奥に入って行ける人と行けない人を分けるという意味合いがあります。たとえば木下まいこさんという人がいて、仕事関係の人には「木下さん」と言われるけど、近い友人からは「まいこちゃん」と呼ばれているとします。寝室に「まいちゃんルーム」という表札を付けておくと、社会的な関係だけではない、心底気持ちを共有し合える人だけが入ってくるようになります。パジャマパーティーができるような関係性ですね。

なるほど、確かに表札は誰かが訪れる前提で付けるものですもんね。男女問わず、気持ちを共有できる信頼できる人と繋がっていくことができる、と。その前提を自ら作ることで、出会いのエネルギーを呼び込んでくるんですね。

そうなんですよ。『徹子の部屋』という長年続いているテレビ番組があるでしょう。この番組も、徹子さんに会いにいくという設定になっていますよね。

部屋に名前を付けると、あなたを訪ねてきてくれる人を引き寄せるわけですね。

部屋に人が入ってきやすいエネルギーの流れを作ろう

次は、ある特定の好きな人がいて、どうアプローチしていくかに悩んでいる人はどうでしょうか？

まずは、いかに相手と接点を持つかが大事ですよね。たとえばLINEでメッセージ交換をしたり、電話で話したりするのは、一時的なシステム。そこから心の一対一の触れ合いにしていく必要があるわけですよね。そこでどれだけ自分の心の内を、相手に見せることができるかが大事だと思います。先ほどの寝室に表札を付けるのも、そのテクニックの一つです。あと好きな人と接点を持つとしたら、一緒にごはんを食べることは重要です。

ひすいこたろう
気になる人と食事をするとしたら、大体、外で食べますよね。

ケルマデック
それじゃダメなんだな、家じゃないと。一緒に食事をする、一緒に眠るというのは、結婚の予行演習なんですよ。

ひすいこたろう
ケルマ兄貴！ いきなりおうちごはんって、乙女にはハードルが高いですよ!!

ケルマデック
現代人ってどうしてこんなにハードルが高くなっちゃったんだろう？ 一人暮らしのお嬢さんが彼氏が欲しい場合は、自分の家に人が入ってくる流れを作ることが大事だと思います。それは異性に限らず、友達でも！

だからまずは、友達や仕事仲間を集めて、家で鍋パーティーを開催してください。人が集まってワイワイやっていると、人が来やすいエネルギーの流れができるんですよ。

よかった。ハードルが少し下がりました。友達を誘って、自分の家に人が来るエネルギーの流れをまず作るんですね。

たとえば、人がよく入るお店と入らないお店ってありますよね。そういう時も僕は、「スタッフ全員を集めて、お店の中で鍋パーティーをやってください」と提案します。みんなでワイワイ喋って、食べることで、そこが「生きている部屋（＝リビング）」になるんです。すると、人がたくさん集まる場所になっていきます。

自分が愛されていたことに気づくと同時に愛してくれる人が現れる

心理学的によく言われるのが、親に愛されていたことに気づくと、〝愛される〟という雛形ができるので、愛してくれる人が現れるというのがありますね。

僕の知り合いの話なのですが、親とわだかまりがある人がいました。ずっとお母さんに愛されていないと思って育ったらしいんです。そんなお母さんが入院しちゃって、命も長くないことがわかって……。それでも「ハグしてほしい」ってことすら、言えなかったそうです。するとお母さんから「ハグしてほしい」と言われて、やっと「私はお母さんから愛されている気がしなかった」と本当の気持ちが言えた。すると、それは誤解だったということがわかって、彼女は自分が愛されていたことに深く気づいたんだそうです。そこからすぐに彼氏ができて結婚もされました。

▼自分が愛されていたことに気づくと、同時に愛してくれる人が現れた、と。

▼自分が愛されていたことに気づくと、仕事運をはじめとしてすべての流れが良くなっちゃうというのはよく聞きます。

▼自分を受容してくれる存在に気づけることって、大事なことですね。

▼で、愛されていることに無意識に気づくアイテムがあるんです。

ほう！

それが、おむつなんです。人はおむつを卒業するまでに大体6000回のおむつ替えが必要なんだそうです。それはそれはすごい愛が伴う行為です。あなたが大人になったってことは、それだけの愛をすでに注がれているんです。なので、今日はおむつを買ってサンクチュアリに飾って、大人になれたこと、愛されていたことに手を合わせて感謝しましょう。

世界初のおむつの御神体ですな（笑）。

家庭運・対人運

お悩み

「親とわだかまりがある」

「人間関係がギクシャクしている」

「人から認めてもらえない」

リビングは心がぐっと近づいて、気持ちが通い合う場

ひすいこたろう

先ほど、親から愛されていたことに気づくことで、恋人がすぐに現れた例を挙げました。1章にも書いた通り、僕はケルマさんのおかげで父に愛されていたことに気づいたら、仕事運が上がりました。でも、親を恨んでいる人にとっては、向き合いたくないテーマだと思うんです。親子関係に限らず、家族との心の距離を近づける裏技って、ありますかね？

ケルマデック

あります。ここでも、こたつの出番です。家族関係に悩む人ほど、心がぐっと近づく場所が必要なので、リビング、そしてこたつがそれに相応す

ると思います。泣いても怒っても、笑ってもいい。視線が交差して、気持ちが通い合う場所ですね。

あ!!!!　そういえば、僕がお父さんと話をしたのもこたつでした!　お母さんがちょうどキッチンで料理をしていたので、そこでお父さんとこたつでふたりきりになって。

やっぱりこたつはブラックホールだね。

親と向き合う前に、仲良く向き合える「場」を先に用意することで、エネルギーの流れを作る。これはケルマ風水の奥義ですね。

人間関係に悩む人ほど「生きた」コミュニケーションを

ひすいこたろう

ハーバード大学が「幸せとは何と一番密接に関わっているのか？」という調査を700人に対して40年もの長きにわたって行ったそうです。仕事なのか、恋愛なのか、お金なのか。すると、一番幸せと密接に関係していたのが、お金でもなく、仕事の成功でもなく、豊かな人間関係だったとわかったんです。

ケルマデック

その関係性の原点が親子関係ですもんね。でも、ひすいさんのように、親から愛されていたのに、何かの行き違いで愛されていないと思い込んでし

まっているパターンも多そうですね。

そうなんです。以前「子どもの頃にフリフリした可愛い服を着たかったのに、親に地味な服しか買ってもらえなかった」という女性がいました。大人になって、どうして地味な服しか買わなかったかを親に聞くと、「本物志向になってほしかったから、素材が良いものを与えてあげたかった」と。

確かに、素材が良い服となると、結果的に茶色とか黒とか地味な服になるかもですね。

そうなんです。愛の形がすれ違っているだけで、愛されていた事実は変わらないんですよね。愛のアウトプットが、それぞれ違うから。そこに気づ

くことができると、すごく人生が好転していくんですよね。親じゃなくてもいいので、誰かに大切にされた記憶と繋がると、奇跡が起きやすくなるのを僕自身も感じています。

人間関係も、人生も好転させていく極意ですね。

愛されていた記憶を思い出させることで、すごい成果を出しているメンタルコーチが僕の友達でいるんです。『前祝いの法則』という本を一緒に書いた大嶋啓介《おおしまけいすけ》さんです。彼がメンタルコーチをしたチームは、続々と甲子園に出場しているんですよ。

それはすごいですね。

30年間甲子園に出られなかった高校が、大嶋さんが指導した翌年には甲子園に出場したり。高校生にメンタル指導をして、なんともう25校以上も甲子園に送り込んでいるんですよ！　何をするかというと、甲子園に出場したという前提で、先にチームみんなで前祝いして、その後に親に感謝の手紙を書くそうなんです。それをみんなで親の前で読むことで、チームが親子単位で一つになっていく。自分たちが「愛し、愛されていた」記憶で一つになると、もう奇跡がバンバン起きちゃうそうです。

甲子園出場を前祝いして、みんなでその時空を選んじゃうわけですね。

そうなんです。まずは、子どもの頃の写真、できれば自分が笑顔で写って

る写真を探してきて目につくところに飾っておくと、愛されていた記憶に繋がりやすいと思います。

「いやいや、私は親に愛されなかった」という人は、逆から見たら、誰よりも愛されたかったわけですから、パートナーができたら、その分まで感謝できる人になると思います。

ハーバード大学の研究で出たように、結局、幸せは人と人との触れ合いの中にあるわけですもんね。そのためにも、みんなで記憶を共有する場所や、語り合う場所が大事になりますね。実際に会って話をすることが、めちゃくちゃ大切なんです。言葉だけのコミュニケーションで伝わるのはほんの一部で、その人のオーラやニオイなどを含めたものがコミュニケーションなんですよ。そういうのを抜きにしちゃったのが、ChatGPTですね。

だからこそ人間関係に悩む人ほど、直に会って、「生きた」コミュニケーションを取ることを意識してみてくださいね。

▼

そういう意味では、人を家に呼びたくなるような、素敵なインテリアの趣味を持つのもいいですね。たこ焼きプレートも買いですね。たこ焼きパーティーもすごく楽しいんですよ。中の具材をみんなで持ち寄るんです。意外なものを。チョコレートとか、たくあんとか、納豆とか。で、誰のが一番美味しかったか最後に決めるんです。ちなみに例であげたものは、どれも意外性があって美味しいですよ。

仕事運・金運
お悩み

「仕事にやりがいを感じられない」
「仕事を切られるかもしれない」
「金銭的な蓄えがなく、将来に不安がある……」

あなたがお金を稼ぐのは「何のために」「誰のために」？

▼ そもそも仕事運と金運とは、別物なのでしょうか？

▼ 根本的には同じものと考えていいと思います。ただ金運というと、みなさんバンバンお金が儲かることがハッピーだと考えがちですよね。実際は違います。だってお金や経済は、循環するものですからね。これまではとにかく「お金を手に入れること＝ハッピー」という考え方が世界中に蔓延《まんえん》していましたが、それが時代とともに変わりつつあります。お金や物を追求しても、人類がハッピーになったかというとそうではないからです。

お金や経済は自分のためだけではなく、循環させること、「通貨」だけに私とあなたの間を「通過」させていくことが重要なわけですね。

そうです。「縁」を回していくのが「円」です。
仕事にしてもお金にしても、「ハッピーだ」「幸せだ」と感じられるかに集約されます。たとえばたくさんお金を稼げたとしても、つまらない仕事をしている人は幸せではないですよね。逆も然り。ではこの幸せな状態は、どうやったら実現するか？　その仕事やお金を稼ぐことを、「何のために」「誰のために」しているかというのがポイントになります。

多くの人が、「自分のため」「家族のため」と答えるでしょうね。

人間は自分一人のためだったら、大してお金はいらないんですよ。でも自分以外の誰かのためにお金を稼ぎたいと思ったら、すごいエネルギーが湧いてくるんです。

確かに地球を救いたいって思ってる人が、今日食べるものに困ってる状況にはなりにくそうですもんね(笑)。

そうそう、話は少しズレますが、日本の日の丸って何を表現しているかご存知ですか?

太陽……でしょうか?

諸説あって、太陽だと捉えている人も多いんですが、赤ちゃんを意味しているという説もあるんですよ。赤ちゃんや子どもは、幸せの象徴なんです。そこで風水の話をすると、ひすいさんも先ほどおっしゃっていましたが、赤ちゃんや子どものニコニコした絵や写真を飾っておくと、仕事運や金運の開運に繋がります。私たちがお金を稼ぐのは、自分の子どもであったり、世界の子どものためなんです。10年後、100年後、1000年後の未来の子どもたちのために、お金を稼いでいく。

ネイティブ・アメリカンの「7世代先まで考える」ってことですね。「地球は祖先から受け継いでいるものではなく、子どもたちから借りたものだ」と。どこまで見通せるか、意識を伸ばせるか、伸ばせたところまでが自分

の翼の範囲になるわけですよね。

瓦割りって、瓦を縦に10枚積んで割ろうとする時、一番上の瓦を見ていると全部割れないんです。最後の10枚目を割るつもりでやると全部が割れる。だからケルマさんの言う「何のために」「誰のために」仕事をするかというお話は、どこまで見渡せているかって話だと思うんです。見渡せたところまでパワーが出せる。目先の目的だけを見てても、1の力しか出ないわけですよね。

そうです。自分が経済的に豊かになりたいという気持ちは、素晴らしいことです。しかし、もっと長期的に見て、「その先」に目を向けてほしいですな。

地球の未来のその先を考える優しいあなたが、「癒《いえ》」る場所、それが「家」なのです。

健康運

お悩み

「体調を崩しがち」
「ストレスを抱えている」
「ダイエットが上手くいかない」

健康運を司るのは やっぱり台所と寝室！

ケルマデック

健康運を司っているのは、家の中ではやっぱり台所と寝室なんです。特に台所の影響はめちゃくちゃ大きいんですよ。たとえばインドでは、家族みんなの健康を整えるためにスパイスを調合します。もう、食べ物自体が漢方薬と言えますね。ポイントになるホームプロダクトとしては、木製のまな板と冷蔵庫です。

ひすいこたろう

台所といえばすべてのエレメントが揃う唯一の場所で、健康運だけでなく、恋愛運、金運、家庭運まで左右するんでしたもんね！　そうだケルマさん、健康運とぐっすり眠れるということも連動すると思うのですが、寝室でよく眠るためのコツや仕掛けみたいなものはありますか？

ケルマデック

深い眠りに入っていくためには、ベッドサイドに水晶やキャンドル風のライトを置いたり、自分のスタイルでリラックスできる方法がいいですね。そういえば、ひすいさんが以前病気で入院した時、「今日一番のエンターテインメントは、太陽が昇っていくことを見ることでした」と言われていましたね。

ひすいこたろう

そんなこと言ってたかな（笑）。

ケルマデック

何もしない、何もしなくていい贅沢な時間。ゆとりのない現代人が、そういう贅沢な時間を過ごせる場所が寝室なんです。スマホもOFFにしておくと、

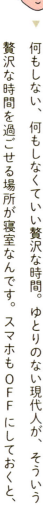

自分の潜在意識がめちゃくちゃいい状態に導いてくれます。自分にとって大事な情報って、寝てる間にやってくるんです。

スマホのＷｉ－Ｆｉを切ると、宇宙Ｗｉ－Ｆｉに繋がる。

そうです。スマホの集合無意識の中は、フェイクニュースで溢れていますから。それをシャットダウンするには、スマホをＯＦＦに！

スマホの電源ＯＦＦで、寝室は運と繋がる場所になるわけですね。

寝ている間に負のエネルギーを水に流して浄化させよ

ひすいこたろう

以前、流れる川の写真を寝室に貼っておくと、ダイエット効果があるとケルマさんが教えてくれましたよね。

ケルマデック

肥満体型の人って、単純に体の循環が悪いんですよね。そこで、清らかに流れていく川をイメージするといいんです。そういう川の写真を飾っておくと、当然体の循環も良くなっていくんです。寝ている間にね、いろいろな不浄なものが流されていきます。水晶にも同じような感じで、浄化効果がありますよ。

ひすいこたろう

許せないものを「水に流す」という言葉がありますよね。許せない相手がいて、心にストレスがかかってる場合でも、流れている川の写真を貼っておくと、許しやすくなったりするんでしょうか？

ケルマデック

それもありますね。水には清めてくれる働きが強くあるんです。たとえば神道では、「大祓詞《おおはらえのことば》」というものがあります。穢《けが》れを祓うために唱えられた祝詞《のりと》のことです。その中に瀬織津姫《せおりつひめ》という神様が出てくるのですが、この世の罪を海に流して、清めてくれる神様なんです。

ひすいこたろう

水は悪いものを流してくれる。浄化の力がすごく強いんですね。

ケルマデック

ダイエットが上手くいかない理由は、食べ過ぎとかカロリーコントロールの問題ではないことも多いんですよ。心の中の不安や、無気力感、あるいは様々なストレスが溜まっている状態。心身の健康のためにも、そうした負のエネルギーは清らかな水に流してしまいましょう。

ひすいこたろう

肥満の本当の原因でさえ、水に流してしまう。その意識で意図して川の写真を寝室に飾る。すると、本当にその働きが出てくる。先ほどの太陽の写真を飾るのもそうでしたけど、意識すること、意図すること、これぞ魔法の力であり、いよいよ僕らは意識の本当の力を理解し、一人一人が魔法使いになれる時代に突入したんですね。「魔法使い」とは「意識使い」。この本は、あなたを魔法使いにする教科書だったわけです。

Kermadec Column

地球風水と天人相関

脳科学者のジル・ボルト・テイラー博士は、37歳のある日、よろよろっとよろめいて壁に手をついたら、なんと手がずるずるっと壁に入っていったそうです。そして、「私は私」という感覚がどんどん薄れ、家が自分になり、街が自分になり、さらには地球全部が自分になって、とてつもない至福を感じたそうです。博士は、左脳の脳出血(脳卒中)になっていたんです。

実は、この時に何が起きていたかというと、「これが私」「これがあなた」という境界を認識する脳の「空間定位」が壊れ、自分の体がどこから始まり、どこで終わるのか境界を認識できなくなっていたのです。

どこまでが自分かというのは、脳の空間定位が作用して決めているわけですが、この作用によっては、自分自身の身体感覚は、地球規模に拡がることも可能だということを教えてくれたわけです。

航空会社が、飛行機のパイロットたちに匿名アンケートをとったところ、「操縦中に体外に離脱体験をしたことがある」と答えたパイロットたちが、多くいたそうです。中には、「気づいたら飛行機の外にいて、機体にしがみついていた」という体験をした人もいたのです。

オリンピックの水泳選手たちに同じ調査をしたところ、やはり多くの選手たちが、競技中に空から、泳いでいる自分自身を見たと答えたのです。

人は自分自身の身体感覚を限定していますが、実は本来、形はないのですよ。身体感覚が未発達な幼児は、熱が出るなどした時に体の感覚が極端に小さくなったり、逆に膨らんだり、目や耳の感覚が家の外に出てしまったりすることがあるのです。これを「不思議の国のアリス症候群」と言います。私も幼い時に体験しました。実際、外の風景が見えたり聞こえたりするのですよ。体は布団の中にあるのにです。

実は、ひすいさんと話していた、この本の裏ミッションは、「家と自分の相関関係を理解し、そのまま自分の境界線を地球まで広げて〝地球人〟になってしまいましょう」という壮大なテーマを込めてお届けしていました。

そうなると、**自分の家の風水を調整することで、地球規模に共鳴させることができるようになるんです。**

いわば**「地球風水」**です。

こんな話があります。

ハワイに伝わる癒やしの秘法ホ・オポノポノを広めたヒューレン博士は、ある日、ハワイ州立病院のある施設にやってきました。その施設には、法に抵触した精神疾患の患者さんが収容されていて回復の見込みはないと思われていたのです。博士は、「目の前に起こっていることは、わたしの心が創りだしたものなのだ」と捉え、自分の心をひたすら浄化していったのです。

毎日患者のカルテに対して

「ごめんなさい」
「許してほしい」
「愛してるよ」
「ありがとう」

と、話しかけていったのです。

すると、変化が起こり始め、ほとんどの患者さんが退院でき、4年後にこの施設は閉鎖されたのでした。

博士が語った「わたしの心が創りだした」という部分は、「わたし」とは、個人レベルの「わたし」ではないのです。

私たちが普段、「わたし」と呼んでいるものは、単なる意識の上澄《うわず》みにすぎないのです。お金持ちになりたいとか、有名になりたいとか、病気を治したいとか、それらは本当は単なる意識の上澄みにすぎないのです。

真の「わたし」は、もっと意識の深い部分にあり、言うなれば「私」を超えた「私たち」という世界。

この「私たち」という感覚が集合的無意識を動かすのです。

まさに、アフリカの貧困を助けるためにマイケル・ジャクソンらが歌った

「We are the world」です。

ヒューレン博士は、私たちという視座で、自分自身の目の前にあるものは、すべて自分自身が創ったものだと捉えて、自分と世界を同期させたのです。その上で、自分の心を浄化したことで、目の前にいた患者さんの心が次々に浄化し回復に向かったのです。

古代儒教では**「天人相関」**と言って、王は国と相関関係にあり、王が健やかで健全ならば国も健全になり、王に何か異変があれば、国にも異変が起こるというものです。

ほとんどの人民は、王の力（権力）にただ服従しているだけなので、その力はないのですが、「私が私の宇宙の王である！」と自覚している人は、自分自身が

思い考えることが世界に影響を与えるのです。

私がひすいさんに初めてお会いした時、彼は私にこう言ったのでした。

「僕は、この星のドラえもんになりたくて作家をやっています」

……ドラえもん！

同じ未来から来たロボットとして、ターミネーターと同じ場を共有しつつも真逆の存在のドラえもん！　この男、やるかもしれん……。

私は人類の願いを込めて、彼を「青いターミネーター」と呼ぶことにしたのでした(笑)。

エピローグ

「家を整える」＝「地球を整える」

ひすいこたろう

冒頭で、「最後は、意外なところへ、あなたをお連れします」と書きました。

この本の真の目的は、あなたの「家」を「地球」とリンクさせることにありました。これから、あなたが呆れるほど壮大な話をさせていただきますが、最後なんで、まあ、おゆるしください（笑）。

まずは、ＹｏｕＴｕｂｅでも、よく取り上げられている日本雛形《ひながた》論にケルマさんから教えていただいたことを加えてお伝えさせていただきます。

日本列島は世界大陸の縮図だという話からです。ご覧ください。

アメリカ
北海道
ユーラシア大陸
アジア
ヨーロッパ
本州
アフリカ
九州
オーストラリア
四国

世界の大陸を組み合わせると、確かに日本列島に似ています。ご覧のようにオーストラリアは四国にリンクします。そして、オーストラリアは、オレンジに代表される柑橘類の原産地として有名ですが、同じく四国もミカンや柚子など柑橘類が有名です。

オーストラリアでは先住民のアボリジニたちが古来よりウォークアバウトという儀式を行ってきました。聖地を巡礼する儀式なんですが、四国にも聖地巡四国八十八ヶ所めぐりがあり、不思議とリンクするんです。

世界最高峰の「エベレスト」にリンクするのはどこか？

なんと「富士山」です！

世界最大の湖「カスピ海」にリンクするのは？

日本最大の湖である**「琵琶湖」**です！
北アメリカの**「ネイティブアメリカン」**は
北海道の**「アイヌ」**とリンク。
鳥取の境港に対応するのはフィンランドですが、境港は、妖怪で有名な
「ゲゲゲの鬼太郎」の水木しげる先生の出身地であり、
フィンランドといえば**「ムーミン」**です。
ムーミンは妖精ですから、これもリンク。
ちなみに日本人はコーカソイド、ネグロイド、モンゴロイド、オーストラロイドと様々な人種の遺伝子を持っていて、日本はすべてを吸収し統合した場所とも言えるし、すべてが日本に存在し、世界に反映されているとも言えるのです。

以上を踏まえて、ケルマさんは、

日本は「ホロン」になっていると解説しています。

「ホロン」とは哲学者アーサー・ケストラーが提唱した概念です。ギリシャ語で、全体を「ホロ」といい、部分を「ン」といい、全体と部分を兼ね備えた状態を「ホロン」(全体子)といいます。

ホロンとは、日本列島は世界全体の雛形になっているということです。

世界で起こることは日本で起こるし、

日本で起こることは世界で起こると。

これを「日本雛形理論」と言います。

つまり、日本を変えることが世界の未来を変えることになるわけです。

僕らは、今、日本人だと思って生活しています。

でも、日本人、イラク人、中国人、アメリカ人と境界線があるところには、争いがあり戦争があるのです。

幕末はまだ、僕らには日本人という意識はなく、各藩が国のようなものだったので、藩同士で争いもあったんです。明治維新が起こることで、僕らは初めて「日本人」という認識を持てましたが、もっと広げて、今、僕らは地球意識、**「地球人」**になる必要があるんです。

地球（宇宙）意識とは、「私は」（ME）と発想するのではなく、「私たちは」（WE）と発想できる人です。

ネイティブ・アメリカンの人たちは、7世代先（約210年後）の子孫にとってどうかという基準で物事を考えるそうですが、まさに、200年先の人たちまで「私たち」という視野に入れて発想できるのが地球人です。

「ME」を反転させる必要があるのです。

「ME」は反転すると

「WE」にひっくりかえる！

宇宙人のお決まりのセリフがありますよね。

「ワレワレは宇宙人だ」。

「ワタシは宇宙人だ」「オレは宇宙人だ」「オイラは宇宙人だ」とか言わないんです（笑）。

宇宙人は「ワレワレは」と「WE」という意識なんです。

プロローグで脳の空間定位の話をしました。

自分が車とリンクし、家とリンクし、相関関係があるということは、この本を通してよくわかっていただけたと思います。

僕らの認識がアップグレードされて、日本人から地球人へと認識が変わると、今度は、「あなた」と「地球」がリンクします。

すると、あなたの「家」を整えることで、「地球」を整えることができるんです。

家を整える＝地球を整えること。

すべては繋がっていて、相関関係にあるこの世界。

部分が全体を反映しているこの世界では、

「あなたの人体」こそ**「大宇宙のホロン」**であり、

あなたは、全宇宙を背負って生きていると言ってもいいんです。
ワレワレは、ほんとは宇宙そのものなのです。

あなたの意識こそ、
究極の風水術（遊び道具）だったのです。

壮大な心で、目の前の小さなことに心を込めて
あなたがこの宇宙を変える、超常戦士（魔法使い）になるのです。

銀河市民《アイドル》ひすいこたろう

ケルマデック

エピローグ　これが地球風水だ！

われわれの意識は、地球規模に拡げることができると、私は捉えているんだね。

個人の意識は、世界に反映する。

青いターミネーター(ひすいさんを、私はこう呼ぶのだよ)が語ったことは、本当だよ。

あなたが水回りを掃除する時に、意識を地球規模に拡げるならば、それは世界にも影響する。あなたの願いや祈りは、世界の不和や貧困を消すのだね。

そして、あなたが世界に与えることは、あなたの生活に返ってくるのだよ。

「私の祈りが世界に反映する！」と設定するのです。あなたの家と地球を共鳴させるのだ。

これが地球風水だ！

地球風水を自宅に創造してみよう。

まずは、玄武、朱雀、青龍、白虎の絵か置物を用意する。ネットで入手した画像を印刷してもいいし、自分で作ってもいい。あるいは、どこかで購入してもいいね。

次に、自宅の北に玄武、南に朱雀、東に青龍、西には白虎を配置する。

そして、北の天井には、暗闇で光る丸いシール（１００円ショップで購入）を

7個、北斗七星の形に配置する。玄関には船の模型を配置し、大いなるエネルギーの流れを招き入れる。

これで、あなたの自宅は、世界と共鳴するのだよ。あなたの願いや想いを、世界が形にしてくれるんだね。あなたは、地球人となるのだ！

実は、そんな発想で「摘星閣《てきせいかく》」という茶室を作ったのが、江戸時代の公家、近《この》衛《え》基熙《もとひろ》なのだよ。

「摘星閣」は、天井に星図が描かれており、茶室自体が宇宙とリンクする空間となっているのだね。この中で茶を嗜む者は、広大な宇宙との一体感を味わったのだ。

この茶室は宇宙と共鳴する。だから、この茶室で私が心を安らかにすることは、世界に共鳴するのだよ。

実は日本では、このような空間はかなり古くからあったのだ。有名なキトラ古墳の内部にも、方角を意味する四神と星図が描かれていたのだね。これは、地球と一体化し、宇宙と共鳴する場なのだ。

大陸伝来の風水とは違い、日本の風水は独特の進化を遂げているのだよ。日本人の特殊な感受性は、古来より自然と共鳴する空間を作ってきた。

それだけではないよ。この空間は呪術的な役割もあったのだ。


この本で書いた通り、人間の脳は、家を自分の体として認識する。

さらに言えばだね。地球も、あなたの体なのだよ。


「地球」すべてを、「自分自身の体」と認識することが、風水の真髄《しんずい》なのだね。

地球が、一つの巨大な樹木だとしたら、わかりやすいね。

一部の葉っぱが、他の葉っぱを押し退けて、自分だけ肥え太ろうとしたら、樹木は混乱して病気になってしまうね。今、世界で起こっている飢えや戦争や貧困などの悲惨な状態は、あなたと無関係ではないよ。

これは、未来のあなたや、子どもたちの状態なのかもしれないのだ。


「今を楽しめるお金が入れば、幸せ！」みたいな話を、私は語る気はないのだ。財とは一時のものではなく、数百年から数千年、数万年に及ぶ循環なのだね。

「そんな遠大なテーマ、考えられません！」という人も、安心しておくれ。先ほど述べたように、あなたという存在は、地球規模に拡大できるのだ。できることでいい。

あなたの家が、地球とリンクするのだよ。

あなたがお茶の間でうっとりすることは、世界に影響する。

地球と子どもたちを守るために、「お茶の間でうっとり」超常作戦を発動するのだ！

青いターミネーターのうっとり顔から発案したこの作戦は、世界を救うと、私は考えているのだよ。

超常戦士ケルマデック

LAST MISSION

人間の体には、実に様々な菌が存在している。体の8割は菌だと語る科学者もいます。そして、近年、科学者の研究によって、**「菌には知能がある」**とわかったのです。

迷路の実験が行われたのです。迷路のゴール地点に栄養を置き、スタート地点には菌を置く。菌が栄養に到着できるルートはいくつかあるのですが、菌は試行錯誤の末、最短ルートを選択したというのです。

そして、菌は、単独で知能を作り出すのではなく、菌同士がネットワークを作り出すことで、複雑な知能が発生している可能性が高いんです。

この知性ある菌のネットワークを使ったミッションを最後に超常戦士となっ
た君に託します。

庭、ベランダの項目（96ページ）をもう一度、読んでほしい。

そこで書いた通り、ガーデニングで育てる種を買ってきて、その種を口に入
れて

「争いは終わりだ！
共に生きるのだ！
地球人になるのだ！」

と咆哮するのです。

モゴモゴモゴモゴ……

そして、口から吐き出した種を植えるのです。

君の思いは、知性を持つ菌のネットワークを通して、
地球規模で伝わるはずです。

参考図書

- 『ハワイに伝わる癒しの秘法 みんなが幸せになるホ・オポノポノ』イハレアカラ・ヒューレン著（徳間書店）
- 『奇跡の脳―脳科学者の脳が壊れたとき』ジル・ボルト・テイラー（新潮文庫）
- 『スーパーネイチャーII』ライアル・ワトソン（日本教文社）
- 『スポーツと超能力 極限で出る不思議な力』マイケル・マーフィー、レア・A・ホワイト（日本教文社）

STAFF SPECIAL THANKS

編集協力 ミッチェルあやか（HISUIBRAIN）

SPECIAL THANKS

辰島 佳寿美
超常戦士・田中雄輝

STAFF

装画	カヤヒロヤ
装丁	菊池 祐（ライラック）
本文デザイン	今住 真由美（ライラック）
DTP	谷 敦（アーティザンカンパニー）
校閲	麦秋アートセンター
編集	広田香奈
	須藤 純（KADOKAWA）
編集アシスタント	池上さくら・江波戸 千利世

ひすいこたろう

作家・幸せの翻訳家

「視点が変われば人生が変わる」をモットーに、ものの見方を追求。衛藤信之氏から心理学を学び、心理カウンセラー資格を取得。2005年『3秒でハッピーになる名言セラピー』がディスカヴァーMESSAGE BOOK大賞で特別賞を受賞しベストセラーに。他にも『あした死ぬかもよ？』（ディスカヴァー・トゥエンティワン）、SHOGENとの共著『今日、誰のために生きる？』（廣済堂出版）などベストセラー多数。近著は『あなた次第でこの世界は素晴らしい場所になる』（ディスカヴァー・トゥエンティワン）

4次元ポケットから、未来を面白くする考え方を取り出す「この星のドラえもんになる！」という旗を掲げ日夜邁進。YouTubeにて『名言セラピー』をほぼ毎日配信中。
次は**YouTube『名言セラピー』で逢いましょう。**

- **最新情報はLINE公式アカウントから。QRコードからいま登録いただくと、ひすいお気に入りの4つの名言解説音声もプレゼント！**
  https://hisui-universe.com/line/240701/

- **ひすいのオンラインサロン『ひすいユニバ』（不定期ですがケルマさんの講座も開催中）**
  https://hisui-universe.com

- **本の感想やメール、インスタのDMで寝ずにお待ちしています（笑）**
  @hisuikotaro

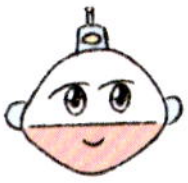

超常戦士ケルマデック

科学から擬似科学、歴史から**アニメに至る**まで、様々な**幅広い分野の知識をもとに、独自のセッションやワークショップを30年以上**行っている。

どこの団体にも属さない超常戦士。

超常戦士とは、なんの権威も持たず、特定の派閥やグループに属さない、新しい世界に向かおうとする精神である。ちなみに、超常戦士は自己申告。

アーティストとして、タロットの作成や個展を行う。また、行く先々でケルマ楽団を編成し、コンサートを行う。


著書に『地球統合計画NEO』（エムエム・ブックス）、『時空を変える設定にオン！』『すばらしきUFO・銀河連合・アセンションのひみつ』（徳間書店）、『異次元とつながる本』（総合法令出版）、『スイさん、私、人生変えたいんです。』（大和出版）、『超常教室ケルマデック』たっぺんと共著（マキノ出版）等がある。

開運《かいうん》はおうちが8割《わり》！
引《ひ》き寄《よ》せるすごい「家《いえ》」

2024年 9月 2日　初版発行
2025年 1月 20日　6版発行

著　者　ケルマデック　ひすいこたろう
発行者　山下直久
発　行　株式会社 KADOKAWA
〒102-8177　東京都千代田区富士見 2-13-3
電話 0570-002-301（ナビダイヤル）
印刷所　TOPPANクロレ株式会社
製本所　TOPPANクロレ株式会社

●お問い合わせ
https://www.kadokawa.co.jp/（「お問い合わせ」へお進みください）
※内容によっては、お答えできない場合があります。
※サポートは日本国内のみとさせていただきます。
※ Japanese text only
定価はカバーに表示してあります。

ISBN 978-4-04-897708-1　C0095